なにわ介護男子

宮川大助・花

主婦の友社

目次

第2章 大助・花子の波乱万丈！ 続・闘病記……47

第3章

なにわ介護男子の胸のうち
〜大助と花子のぶっちゃけトーク〜 …… 147

序章

6年ぶりの「笑点」

2024年2月17日

岡山芸術創造劇場ハレノワ 大劇場にて

花子　6年ぶりの「笑点」なんですよ。

大助　もう、そないなる?

花子　そうなんですよ、ありがたいことですね。改めまして、わたくし宮川花子、そしてこちら大谷翔平です。

大助　はい、どうも。

――**笑い声**

花子　もうえらいもんやね。結婚して……。

大助　もう何年？

花子　１９７６年の４月９日で、なんと四十八回忌！

大助　四十八回忌って、どんな言い方やねん。

花子　４月９日。死ぬまで苦しむ。

大助　やかましいわ。

花子　でも、縁って大事やね。私がここに来させてもらって一番うれしかったのが……。

大助　うんうん、何が？

花子　私たちね、出会ったのが岡山の後楽園なんですよ。

大助　あー、出会いがねえ。あそこが、まあ考えたら、最初のデートの場所。

花子　そうですよ。その岡山に、今日呼んでいただいたことがうれしかったです。

大助　ありがとうございます。

大助　西日本放送開局70周年記念。

花子 もう、ありがたいです。また生きて戻れてよかったです。

大助 まあ、あんたも古希やからね。

花子 そうですよね。ねえ、もう70ですよ。

大助 70かあ。

花子 あとなんぼ長く生きても40年ですわ。

大助 なんぼほど生きるつもりやねん。

花子 よう言うな、あんた。いつまでも元気でいといてくれって言うたん違うの。

大助 いやいや、そら、気持ちはあるけども。

花子 私、よう考えたらね、この人と結婚させていただいて、うれしいことといっぱいありますわ、ね。結婚しました、子どもできました。

大助 いろんなこと経験したなあ。

花子 ねえ。漫才もやらしてもらいました。

大助 いやあ、そらもう大事な経験や。

花子　そしてやっぱ病気しても、介護してくれてます。

大助　いやあ、もうずっと家の介護は僕が全部やってます。

花子　「なにわの介護男子」です。

大助　いやいやいやいや。まあ、リハビリがんばってな。

花子　そうですよ。やっぱりこんな病気の人間でも、なんとかリハビリと薬で生き続けてるよ！

大助　がんばります！

――大きな拍手

大助　ありがとうございます。

花子　みんな「あかんわ、あかんわ」と思っててもね、そのうちええ薬も出るし、絶対あきらめたらあかんなって。

大助　もちろんそうですよ。

花子　大助くんと知り合ったときも、「こんなんいいの？」って思ったけど。やっぱりね、長いことといてたら、役に立つもんですわ。

大助　おまえな……。

花子　おまえって誰に言うてんねん。

大助　いやいやいや。

花子　おまえってなんやねん！

大助　いやいやいや、あんたねえ。

花子　あんたってなんやねん！

大助　いやいや、だから……。

花子　もう静かにしとけ！

——笑い声

大助　そんなことないやろ。もう互いが病気もするし。

花子　これから後期高齢者の時代です。大助さんのほうが病気ようしてんねん。

えーっと、脊柱管狭窄症。

大助　そうそうそう。腰痛でね。腰にボルトが２本入ってます。

花子　私の場合は抗がん剤ですけど、大助さんの場合は手術やったから。怖かった。

大助　やりましたねえ。

花子　背中の手術で、下を向いての手術です。

大助　はいはい。

花子　輪っかみたいなのを（顔に）はめないとねえ、型がついたらあかんから。

大助　うんうんうんうん。

花子　そしたら、それの大きさが顔に合わんかった。

大助　うつぶせで。

花子　大変でした。

大助　2時間も3時間も下向きのままやから。

花子　どうしようかなと思ったら、看護師さん、えらいもんや。「先生、いいのありました」って持ってきたんが、洋式トイレの便座でした。

――笑い声

大助　それが、サイズがぴったり！

花子　ちょうどぴったりで。

大助　あほなことを。

花子　出てきたら、ここ（額のところ）にTOTOって書かれてた。

――笑い声

大助　書いてへん！　ええかげんなこと言いなさんな。

花子　でも、大助さんが元気になったと思ったら、逆に私が倒れてしまった。

大助　俺らもう交替交替で病気してる。

花子　去年だけ一緒に病院行ったんです。それは、白内障。

大助　白内障。両方とも一緒やったんですわ、そしたら……。

花子　そやからよう見えますわ。

大助　もうはっきり見えます。

花子　これだけ、べっぴんさんが岡山にいてたんかなあと思って。手振ってもろうて、ありがとうございます。見えてますよ、見えてますよ、見えてますよ。

――笑い声

大助　ほんと、べっぴんさんばっかりですよ、岡山は。

花子　そこまで言わんでいいねん。

――**笑い声**

花子　私が病気したときが大変でしたわ。抗がん剤とかいろいろやってて、水がたまって。

大助　心肺停止寸前までいきましたからね。

花子　寸前までいってん。

大助　抗がん剤の治療を集中的にやっていただいたんです。ところが肺の中に水がたまって。

花子　あんなえらいの知らんわ。

大助　ほんで、嫁はんが早朝、「大坊、寝られんかった」って。「寝返り打ったびに、じゃばじゃばじゃばじゃばじゃば、体から音がすんねん」言うて。

花子　慌ててしゃべらんでええ。今ものすごい、ええ話してんのに。

――笑い声

大助　救急車呼んでくれ！ということになって。

花子　肺は苦しいねえ。

大助　救急車で運ばれていきましてん。

花子　もうその救急車に乗ったとたん、バンッて落ちてしまいましてん。

大助　意識なくなって。

花子　大助くん、救急車の中で、ものすごく叫んだらしいです。

大助　そらそうですよ。救急車って助手席にマイク持った人がいてはんねん。

花子　ほんで、その人が？

大助　「救急車が通ります。前の車、よけてください、よけてください」と放送しながら行ってるでしょ。

花子　大助くんは中で「花子がんばれー、花子がんばれー」ってずっと叫んでんねん。

大助　ストレッチャーの横で「がんばれー！　花子ー！」って言うた。

花子　その「花子ー！」いう声がマイクを通じて外に流れて。

――笑い声

花子　そのときの統一地方選挙で宮川花子に3票入った。

――笑い声

大助　そんな票入れるやつ、おらへんやろ。

花子 ほんでICU入って3日か4日してやっと目覚めて。担当医がやってきて。

大助 コロナの時代なんで、会わせてもらえないんですよ。

花子 そうなんです。「ご主人からのメッセージがあります」って。うわー、大助くんに心配かけた。申し訳ないなと思って、「うちの夫は何て言うてましたか」って聞いたら、「はい、オリックス優勝したって言うてる」って。

――笑い声

花子 いや、でも、ほんとに彼よくやってくれてます。この4年半ずっとつきっきりです。

大助 もうね……。

花子 仕事も行かず、ずーっとつきっきりです。

――笑い声

大助 もう、ほんとです。

花子 彼が病気して入院したときは、私は、彼の代わりに一人で舞台立ってました。

――笑い声

花子 岡山も一人で来させてもらいました。

大助 はいはいはいはい。

花子 お客さんに迷惑かけたらあかんから、花子一人だけでもと舞台に立たせてもらいました。

大助 それが会社の方針やったからな。

花子　はい。今回、彼は「嫁はんがこんな状態やから僕一人でも行く」って言うてくれたんですよ。

大助　会社に言いに行きました。

花子　ところが、会社が「お客さまに迷惑やから休め」。

――笑い声＆拍手

大助　これからも夫婦でがんばりたいと思いまーす！

花子　がんばりまーす！

大助　どうもありがとうございました！

宮川大助・花子の人生劇場年表

第一幕

1975年	7月1日	岡山の後楽園で大助と花子が出会う
	10月30日	プロポーズ
1976年	4月9日	入籍
	12月	大助　新人コンテスト落選　芸人をやめる
1978年	3月	さゆみ誕生
		大助　夫婦《めおと》漫才のコンビを組もうと誘う
1979年		夫婦漫才コンビ結成
1980年～1986年		数々の漫才コンクールや賞レースで新人賞・奨励賞を獲得　その人気を不動のものにする
1987年	8月	花子　自律神経失調症で入院　手芸を始める
		第22回上方漫才大賞 大賞

		第8回花王名人大賞 名人賞
		第5回咲くやこの花賞 大衆芸能部門 漫才
		第16回上方お笑い大賞 金賞
1988年		花子 胃がんで手術・入院
1990年		第25回上方漫才大賞 大賞
		第19回上方お笑い大賞 大賞
2007年	2月	大助 脳内出血で倒れて入院
2011年		第61回文化庁芸術選奨 文部科学大臣賞 大衆芸能部門
2017年	3月	大助 腰部脊柱管狭窄症で入院・手術
	5月	大助 感染症で再入院・手術
	6月	大助 グラム陽性菌敗血症で再々入院
	11月2日	秋の叙勲発表 紫綬褒章を大助・花子それぞれ同時受章

第二幕

２０１８年	３月２日	淀川寛平マラソンにて異変を感じる
	９日	地元の病院受診　余命半年と宣告される
	20日	奈良県立医科大学附属病院受診　形質細胞腫と診断
	21日	都島放射線科クリニック受診　放射線治療開始
	４月１日	なんばグランド花月（ＮＧＫ）にて紫綬褒章記念イベント
２０１９年	１月	奈良県立医科大学附属病院にて多発性骨髄腫と診断 抗がん剤をすすめられるが通院を自己中断
	６月	症状悪化のため、奈良県立医科大学附属病院に緊急入院 抗がん剤治療、リハビリ開始
	12月11日	記者会見

第三幕

2020年	2月・3月	フジテレビ「ザ・ノンフィクション『花子と大助～余命宣告から夫婦の700日～』前編・後編」放映
	4月	退院後、NHK・Eテレ「すてきにハンドメイド」、山陰放送「宮川大助・花子のハテはてな?」などにリモート出演
	5月	コロナ禍の中、がんを示す数値(フリーライトチェーン)が悪化し、週1回の抗がん剤治療を再開
2021年		
	12月19日	奈良県生駒市・たけまるホールの寄席に夫婦で出演。2年半ぶりに舞台復帰。大助を車椅子に乗せて、花子自らが押して歩く意表を突いた登場

2022年

1月	コロナワクチン接種。2回目の接種後、3回目のPET検査でフリーライトチェーンの数値が上昇。化学療法を再開
1月31日	『あわてず、あせらず、あきらめず』（主婦の友社）を出版
3月	4回目のPET検査。8カ所の腫瘍が全部消え、寛解状態に
3月23日	大助、多発性骨髄腫患者のための「こころと話そうプロジェクト」の発表会に参加。花子からの同じ病と闘う「仲間」へ向けてのメッセージを届ける
4月3日	なんばグランド花月での吉本興業創業110周年特別公演「伝説の一日」千穐楽の吉本新喜劇にゲスト出演。3年ぶりのなんばグランド花月となる
4月17日	フジテレビ「ザ・ノンフィクション特別編『花子と大助〜余命宣告とセンターマイク 夫婦の1400日〜』」放映

4月24日	『あわてず、あせらず、あきらめず』出版記念講演会
10月29日	抗がん剤の副作用で肺に水がたまって心不全の状態となり、心肺停止寸前に。奈良県立医科大学附属病院に救急搬送。心臓カテーテル手術を受ける
11月末	退院
12月11日	「生駒の素人名人会」にサプライズ出演
2023年	
1月3日	NHK「新春生放送！東西笑いの殿堂 2023」に出演
2月3日	大阪・寝屋川の成田山大阪別院・追儺豆まき式で「福は内！」
5月1日	4年ぶりの漫才披露イベント「宮川大助・花子の『おまたせ！』」(なんばグランド花月地下のYES THEATER)
5月9日	4年ぶりになんばグランド花月に復帰、漫才を披露

7月2日	フジテレビ「ザ・ノンフィクション『花子と大助～1450日ぶりのセンターマイク～』」放映
9月	風呂場で転倒。大助と格闘する
9月21日	奈良県・西和警察署で大助、さゆみとともに一日署長
同月	右の頭の骨に形質細胞腫が見つかる
10月12日	放射線治療のため入院
10月28日	病院から愛知へ。大須演芸場で4年ぶりの単独ライブ
11月中旬	退院。右足が原因不明のまま動かなくなり、ほぼ寝たきり状態に
11月14日	愛知・御園座で「年末恒例大爆笑大会 よしもと爆笑公演」に出演。拍手が鳴りやまず
12月	白内障の手術

12月23日	生駒市・南コミュニティセンターせせらぎホールにて「大助・花子のクリスマス2023」に出演
2024年	
1月3日	NHK「新春生放送！東西笑いの殿堂2024」に出演
19日	NHKラジオ「上方演芸会」公開収録
2月3日	大阪・寝屋川の成田山大阪別院・追儺豆まき式で「福は内！」
17日	日本テレビ「笑点」収録（岡山）
24日	鳥取県米子市にてフレイル予防の講演会に出演
26日	NHK「演芸図鑑」出演のため6年ぶりに東京へ
4月23日	なんばグランド花月本公演に出演（2019年5月20日以来）。2ステージをこなす

第1章

余命半年と宣告されて

多発性骨髄腫との闘いの始まり

こんにちは、宮川花子です。今年で闘病生活も6年になりました。2019年1月に多発性骨髄腫の診断を受けてから、その年の12月に病名を公表するまでの波乱万丈な日々は、前著『あわてず、あせらず、あきらめず』に詳しく書いています。あまりご存じない方もいらっしゃるでしょうから、ここでもかいつまんで振り返りましょう。そりゃもう、大変だったんですよ。

初めて体調に異変を感じたのは、2018年3月2日に開かれた寛平マラソン前日のウォーキングイベントのとき。もともとフルマラソンを完走したこともある私ですから、12kmやそこらのウォーキングなんて余裕しゃくしゃくのはずが、なぜか途中から腰の激痛で一歩も進めない状態に。二人のマネージャーの肩を借りて、なんとかゴールする始末。その痛みはいったん治まったものの、2週間後にはまったく起き上がれなくなり、大助くんに説得されて家の近くの病院へ。そこで衝撃の告知を受けました。

「転移性骨腫瘍の疑いあり。背骨の2番と5番にがんがあり、内臓から背骨への転移であれば、余命半年」

テンイセイコツシュヨウ?

余命半年?

頭の中は真っ白です。病名の漢字も浮かびません。隣に座る大助くんは、顔面蒼白《そうはく》。どうやって会計をすませて病院を出たのか、記憶にないほどショックを受けました。

その後、奈良県立医科大学附属病院の血液内科へ。このとき出会ったのが、今もお世話になっている主治医の天野逸人先生です。私たちの顔を見たとたん、

「うちの母がお世話になりました」と丁寧におじぎをされるもんだから、二人とも顔を見合わせて「何、言うてはるんやろ?」。じつは、大助くんがその理念に感動してボランティアに行っていた福祉施設「アガペの家」の息子さんだったのです。そういえば、私もおじゃましたことがありました。「天野のおばちゃんのボンかいな!」と喜ぶ大助くんの様子に、なんとも不思議なご縁を感じたものです。

先生のもとで生体検査を受けた結果、形質細胞腫という診断が下されました。当初疑われた内臓から背骨への転移ではなかったのです。ひとまず余命半年という切羽詰まった事態から逃れられたことに胸をなで下ろしました。骨髄に形質細胞腫が10%以上あれば多発性骨髄腫と診断されますが、この段階で腫瘍があったのは、第2腰椎と第5腰椎だけ。天野先生は「抗がん剤、放射線治療、重粒子治療といろいろ選択肢はあるけど、骨やったらまず、放射線の照射です」とおっしゃり、都島放射線科クリニックで放射線治療をすることに。周囲の誰にも病気のことは知らせず、仕事も普段どおりにこなしながら約2カ月で14回の放射線治療を受けました。先生も「よう効いてる！」と言うほど、がんの数値は見る見るよくなり、治療はいったん終了。これで大丈夫、すべて順調でよかったとほっとしたものです。

放射線治療中の4月1日には、紫綬褒章記念イベントを開きました。受章したのは前年秋でしたが、二人の結婚記念日4月9日に近い日を選んだのです。なんばグランド花月いっぱいのお客さまを前にすると、腰が痛くて本番15分前まで楽屋で横になっていたのがうそのように痛みを感じません。トークのときこそ座らせてもらいましたが、漫才もお芝居も笑顔でこなし、最後はみんなとダンスまで踊ったのです。楽屋での姿を見ていた吉本興業の前会長が「このNGKには笑いの神さんがいてる。やっぱり、ここにはな」としみじみおっしゃったのが忘れられません。私も感無量でした。

しかし、穏やかな日々は長くは続きませんでした。２０１９年1月、骨髄穿刺《せんし》で骨の中の形質細胞腫が10%以上あることがわかり、最も恐れていた多発性骨髄腫と診断されたのです。「これからは放射線では無理。化学療法になります」と天野先生。化学療法と言えば抗がん剤です。うわあ、嫌やなあと思いました。髪の毛が抜けてしまうことや副作用が恐ろしくて、どうしても決心がつきません。私、こう見えてすごく怖がりなんです。注射も痛いことも大嫌い。天野先生に大阪国際がんセンターを紹介してもらったにもかかわらず、二の足を踏み続け、あろうことか何カ月も治療をせずに過ごしてしまったのです。私の気持ちを尊重して、大助くんも娘のさゆみも何も言いませんでした。自分の闘病に後悔があるとすれば、唯一このときのことだけ。素直に化学療法を始めておけば、あんなに苦しむことはなかったからです。

無治療の間、必死の願いもむなしく「がんは夢のように消えた」なんて奇跡は起きませんでした。日に日に腰が痛くなり、5月に入ると、歩くことも立ち続けることもほぼできない状態に。ある朝、鏡を見ると右目が飛び出していて、びっくり仰天。メガネもかけられないんです。さらに車椅子に乗せてもらおうとすると、左の鎖骨がパキーン。「今、パキーンと言うたよな？」「言うた」。さゆみにも聞こえるほどの大きな音を立てて鎖骨が折れたのです。その頃は、必要なとき以外はずっとベッドに寝ていました。少し動くだけでも激痛が走るため、「地獄やあ、地獄やあ」とうめき声が出るのをどうすることもできません。トイレに行くのも死に物狂い。しかも苦労して行ったにもかかわらず、おなかを押さえてもらわないとおしっこが出ないのです。ほんまに地獄でした。

6月、そんな状態のまま桂きん枝さんが桂小文枝になられる襲名披露に出席するため関東へ。私は感覚の麻痺《まひ》と痛みで意識が朦朧《もうろう》としていました。見かねた大助くんが天野先生に電話したら、「大ちゃん、花ちゃんを殺す気か！　すぐ連れてきて。もう秒読みに入っている」。先生のただならぬ声色に、大助くんはすべてキャンセルすることを決断し、奈良県立医科大学附属病院に車を飛ばしました。担ぎ込まれる私を見て先生は「余命1週間。治っても生涯、車椅子と腹をくくってください。私たちも全力を尽くします」と険しい表情でおっしゃったんだとか。当の本人は、意識が朦朧としていたので覚えていないんです。

このとき、がんの目安となるフリーライトチェーンは800。通常、50を超えたら大変厳しいといわれるそうですから、いかに病状が深刻だったかがわかります。出なくなっていたおしっこが逆流して膀胱《ぼうこう》が破裂していたら？　床ずれが骨までいって感染症になっていたら？　骨にがんができていて気道を圧迫したら？右目の近くの骨の腫瘍が破裂したら？……そのどれが起きても何の不思議もなく、どれが起きても間違いなく死んでいました。それほど厳しい状況だったのです。

意識が戻ってしばらくたった頃、天野先生が病室にふらりとやってきて「将来、車椅子で漫才ができたらいいね」とおっしゃいました。「車椅子？　なんで？　立ってやったらええやん。先生、おかしなことを言わはるな」と思っていたのですが、ベッドで足を動かそうとして驚きました。ピクリとも動かないのです。感覚もありません。首にできた腫瘍が神経を圧迫し、下半身の神経が壊死《えし》していました。一度、壊死した神経が元に戻ることはほぼないんだとか。下半身だけでなく右手もほとんど動かなくなり、大好きな編み物どころかお箸を持つこともできません。このときばかりは、どないしようと途方にくれました。

夜、大助くんもさゆみも帰ってしまって病室で一人になると、さすがの私も不安に押しつぶされそうになりました。そんなときは「ビクトリーロード」を小声で口ずさんで涙をぬぐったものです。「ビクトリーロード」、ご存じですか？

そう、ラグビーワールドカップ2019日本代表のチームソングです。

ビクトリーロード
この道 ずっとゆけば
最後は笑える日がくるのさ

私にもきっと笑える日がくる。そう信じよう。何度も歌って自分に言い聞かせ、気持ちを奮い立たせて、先生方に励まされながらリハビリを続けました。すると、ある日突然、左足がピクッと動いたのです。天野先生に「ちょっと見てもらえます?」「うん? どうしました?」「足が動いてるみたいなんです」。布団をめくって状態を確認した先生は、びっくり仰天して病室から飛び出したほど。それくらい珍しいことだったのです。化学療法が怖くて逃げていたときには起きなかった奇跡が、病気と真正面から向き合って闘おうと決めたら起きました。神様がもう一度、チャンスを与えてくれたに違いありません。抗がん剤の効果もあり、日を追うごとに元気になっていったんです。

入院して半年ほどが過ぎた2019年12月11日、私は病名を公表する記者会見に臨みました。天野先生と何度も相談して決めたことです。やり遂げられるか不安がる私に、先生が「数値は大丈夫やから、絶対いける」と太鼓判を押してくださったんです。当日、車窓からなんばの街並みを見たら、「ああ、ここが私のホームグラウンドや。帰ってきた」と胸がいっぱいになりました。なんばグランド花月の駐車場では、大助・花子ファミリーのみんなが泣きながら待っています。「みんな、泣かんといてや。私はこれから治っていくから、心配せんといて」。こぼれそうな涙をこらえて、心の中で一人ひとりに呼びかけました。さらに会場に続く廊下には吉本興業の歴代マネージャーや社員さんがあふれんばかりに並んで出迎えてくれたのです。

多発性骨髄腫という耳慣れない病気を少しでも理解してもらうため、わかりやすいイラストを描いて会見場で配布したのですが、これが思いのほか好評で、新聞やテレビなどあちこちで紹介されました。せっかく記者会見を開くなら、私と同じように病気で苦しむ人々に「治療法はいろいろある。希望をもって一緒にがんばろう」と伝えたいと考えていました。おかげさまで全国の皆さんに興味をもってもらえたと知り、勇気を出して会見してよかったとしみじみ思ったものです。

会見後は、先輩後輩を問わず、多くの芸人さんから心のこもったメッセージをいただきました。その中には、チャンバラトリオの山根伸介師匠からのものもありました。山根師匠はすでに亡くなっていますが、会見をご覧になった奥さまが師匠からの伝言と言ってメールをくださったのです。そこには「こちらに来てもおまえの居場所はない。まだ来るんやない。そっちでやらないといけないことがいっぱいあるだろう。だからまだまだがんばりなさい。こっちに来ても帰すよ」と書かれていました。ひとことひとことが痛いほど胸に刺さりました。山根師匠だったら、きっとこうおっしゃるに違いないと思えたからです。ふと見上げると、病室の窓の外には黄金色に輝く太陽。「師匠、必ずセンターマイクに戻ります」と誓い、太陽に手を合わせました。

念願の退院は、会見から4カ月後の2020年4月16日のことでした。一時帰宅を除けば、およそ10カ月ぶりに戻る自宅です。最初こそ戸惑うこともありましたが、地道にリハビリを続けるうちに車椅子でトイレにも一人で行けるようになり、2階にも一人で上がれるようになりました。大助くんの運転でドライブを楽しめるまでに回復していったのです。

◆

以上が前著に書いた大まかな内容です。余命1週間という死の瀬戸際から生還し、化学療法によって、がんは寛解。自宅に戻ってリハビリも順調、めでたしめでたし……となればよかったのですが、残念ながら、そうは問屋が卸しませんでした。多発性骨髄腫はそんなに簡単な病気ではありません。ここからまた、それまでに負けずとも劣らない病気との闘いが始まったのです。

では、始めましょう。

「宮川大助・花子の闘病記　シーズン2」へようこそ。

第2章

大助・花子の波乱万丈！続・闘病記

緊急事態宣言の初日、退院

2020年4月7日、新型コロナウイルスの感染拡大により東京、神奈川、埼玉、千葉、大阪、兵庫、福岡の7都府県に緊急事態宣言が出されました。私が退院した4月16日は、その対象区域が全国に拡大された日。日本中の人々が得体の知れない感染症におびえながら生活する重苦しい日々が始まったのです。しかし、この段階ではまだ誰も、あんなに長い期間になるとは想像していなかったのではないでしょうか。私も、なにはともあれ、自分が退院できたことにほっとして、リハビリに精を出す日々を過ごしていました。

ところが早くも1カ月後、がんを示す数値（フリーライトチェーン）が悪化してしまいます。がっかりしなかったと言えばうそになりますが、気持ちを切り替えて週1回の抗がん剤治療を再開しました。それでなくても多発性骨髄腫は免疫力が低下する病気です。そんながんとの闘いに加えて、コロナウイルスから身を守る闘いにも気が抜けず、大助くんともども細心の注意を払ってステイホームの日々を過ごすことに。ＮＨＫ・Ｅテレ「すてきにハンドメイド」や山陰放送「宮川大助・花子のハテはてな？」などもすべてリモートで出演しました。

翌年２０２１年も年明け早々の1月8日、２回目の緊急事態宣言が発令され、世の中は依然、コロナ一色です。毎年恒例のＮＨＫ「新春生放送！」への出演や成田山大阪別院の節分豆まき式への参加もなく、結果的にこの年は、前著『あわてず、あせらず、あきらめず』の準備に力を注ぐことになりました。

とはいえ、芸人の仕事を忘れたわけではありません。12月19日、地元・奈良県生駒市で2年半ぶりの舞台に出演。じつはこのとき、ちょっとしたサプライズを仕掛けたんです。舞台袖で「あっ、できそう！」とひらめいたのがきっかけでした。緞帳《どんちょう》が上がると「車椅子に乗っているのは花子ではなく大助」という仕掛けです。しかも、それを花子が押しながらステージ中央に進んでいくのですから、お客さまはきっと驚くはずだと思いました。実際にやってみたら、予想をはるかに超えた大きな拍手で、こちらがびっくり仰天。感染予防のため、声が出せない代わりに力いっぱい声援を送ってくださったんでしょう。ありがたいことです。実際は、久しぶりに靴を履いた足に感覚はなかったのですが、なんとか歩くことができました。

なんばグランド花月「伝説の一日」

2022年4月3日、なんばグランド花月は特別な日を迎えていました。吉本興業創業110周年特別公演「伝説の一日」の千穐楽《せんしゅうらく》です。それは、宮川大助・花子が3年ぶりに舞台に登場する日でもありました。マネージャーに「110周年特別公演に何らかの形で出たい」と伝えていたら、吉本新喜劇にゲスト出演することになったんです。漫才ではないけれど大切な、なんばグランド花月の舞台。普通に出るだけではつまらないと考え、車椅子をフェラーリ風に加工してもらって華やかに登場することにしました。役柄は、反社会勢力の大物です。

「どうもー！　皆さーん」

舞台に出て大きな声であいさつすると、会場からは大きな拍手です。みんな、待ってくれてはったんや。胸がいっぱいになりました。

「ここ3年ぶりやわあ。私のこと知ってはりますか？　宮川大助・花子と申します。じつは、ちょっと入院してたんです。110周年特別公演ということで呼んでもらいまして、一人でいいって言ったんですけど、うちの夫もついてきて。うちの夫、ご存じですか？　大谷翔平です。二刀流なんですよ。畑もするし庭掃除もするし、本職は何やっているのか知らんけど」といつもの調子でしゃべったら、お客さまがものすごく喜んでくださって。うれしかったですねえ。

3月の4回目のPET検査では、8カ所あった腫瘍が全部消えていました。天野先生からも「寛解状態になった」とお墨付きをもらい、ほっと安心していた時期です。地道なリハビリのかいあって、ゼロだった握力も10kgほどになっていました。この時期、大助くんが出席した多発性骨髄腫患者のための「こころと話そうプロジェクト」の発表会に私はこんなメッセージを託しています。

同志の皆さん、と言っても、治療法、状態それぞれ異なりさまざまではありますが、苦しい思いは大なり小なり同じでしょう。
一番の恐怖はせっかく寛解しても、また、いつ再発するか…
幼い子どもがいる方は「この子の小学校の卒業式まで見てやれるかな」とか
息子、娘が結婚するまで、イヤせめて孫の顔を見るまで…と
自分のタイムリミットを決めてしまう。
こんな私も口に出せないが（家族が心配するので）

ああもう3年たったか、あと残り…とか考えてしまった時もあった。
でも医学、科学は日進月歩に進んでいる
その間にもいい薬、よりよい治療法が出てきている
主治医と相談の上、自分を信じ頑張ろう
闘っているのは自分1人じゃないから
自分の身体　人生を粗末にしてはいけない。
いろんな障害がある中、私たちは「多発性骨髄腫」と向き合っている、
はっきりしている。
ただ闘うべきものがあるとは言うものの、負けるわけにはいかない。
そうだ。同志のみなさん　弱音を見せるな　闘っていこう　励まし合おう！
こんな苦しい思いをしてるんや　負けてたまるか！

われながら、ええこと言うてますね。負けてたまるか。その気持ちは今も変わ

りありません。

ちょうど前著『あわてず、あせらず、あきらめず』を出版した時期でもあり、4月24日には出版記念講演会も開きました。4年ぶりの一人での講演も、予定の30分を大きく超えて40分以上ずっとしゃべりっぱなし。続けて大助くんとの二人トークも無事にこなすことができ、自分の体力に少し自信がもてるようになっていました。家の中でも一人でトイレに行くのはもちろん、自分の足で2階にも上がれるようになり、センターマイクに立つ日も近いと希望がふくらんでいたのです。

そんなふうに体調がよかった頃、未来の私に向けてこんな手紙を書いていました。今読むと、ひたむきな祈りがこもっていて自分がいとおしくなります。ちょっと紹介させてください。

「少し未来（先）の自分へ。」

花子さん、少しはお手紙を書く手は震えていませんか。
入院したときは握力ゼロで
手を握ることもできなかったね。
少しずつリハビリ（作業療法）して
ペンが持てるように。
最初、名前も書けなかったときは、
ええーっと落胆するばかり。
今は綺麗に書けてるように祈ってます。
脚のほうは、筋肉痛で毎日痛がってましたが、
これもリハビリ。
少しは歩けてますか。

痛みと苦しみの連続だった日々から
少しは解放されているといいけど…。
きっとあなたのことだから、それも笑って乗り越えてきたんだと思う。
コロナも終息して、
今は映画を見て、
楽しくショッピング　お芝居観て　食事会。
仲間とわいわい楽しくしているんでしょうね。
お仕事、講演会にて病気のことを
自慢げに話しているんやろうね。
平穏な日々を送りながら
生きている　あなたが
そこにいる
家族　仲間　人に　感謝しながら

生きている　あなたが…そして
今も戦い続けている　あなたが

2022年2月27日　午前6：14

心肺停止寸前。「花子、がんばれ！」

しかし、少し先の自分を待っていたのは、「平穏」とは真逆の日々でした。8カ月後の10月29日のこと。ベッドに横になっていると、ものすごく胸が苦しいんです。大助くんに頼んで車椅子に乗せてもらいました。不思議なことにストーブの前に座っていると、胸が少しスーッとして「あれ？　大丈夫かな」と。理屈はわかりませんが、空気が温もってスチーム状になり、吸い込みやすくなるんでしょうか。でも、またベッドに横になると苦しい。耐えられないくらい苦しい。

まったく息ができず、海の底で溺れ死にしそうな感じです。私が呼吸困難に陥っている様子を見て、大助くんが「これは、あかん」と慌てて救急車を呼んでくれました。救急車に乗るなんて初めてのことです。救急隊員の方々が家に来たところまではわかっていましたが、それからの記憶はまったくありません。のちに聞いた話だと、一緒に乗り込んだ大助くんは、私の手をギューッと握り、「花子、がんばれ！　花子、がんばれ！」と大声で励まし続けていたそうです。その声が救急車のスピーカーから外にガンガン響いていたというんですから、えらいことです。折しも、統一地方選挙に向けた選挙活動の真っ最中。私が立候補していると勘違いした人もいたんでしょう。開票してみたら「宮川花子」に3票入っていたそうです（笑）。

というのは、のちに作った漫才のネタですが、大助くんが叫んだのはほんまの話。嫁が抗がん剤の副作用で肺に水がたまり、死にかけていたんですから、動転するのも無理はありません。奈良県立医科大学附属病院に担ぎ込まれたときは、

清き一票
がんばります
よろしくお願いします
○○大助
△△党
花子がんばれ!!
花子がんばれ!!
ピーポ
ピーポ
99
……花子さんに3票入ったとか……

心肺停止寸前・意識不明という、これ以上ないほど深刻な状態でした。

目を覚ましたのは3日後。気がつくと、集中治療室（ICU）のベッドの上でした。当時は、コロナウイルス感染予防のために家族との面会は一切禁止です。それがわかっているのに大助くんは毎日、病院にやってきては、居ても立ってもいられない様子でウロウロしていたそうなんです。見かねた先生が「花子さんに伝言があれば伺いますよ」と声をかけてくださったみたい。大助くん、うれしかったんでしょうね。メッセージを預けて、ようやく安心して帰っていったそうです。その先生がICUに来て、「大助さんから、ご伝言を預かりました」と神妙な顔でおっしゃるから、何かあったのかとドキドキしながら「はい、お願いします」と言うと、「オリックスが優勝したよ」。

は？

確かに救急搬送されるまで二人で日本シリーズのヤクルト対オリックス戦を見

ICUにて…
花子…がんばれ…
ここまでです
次の日も
花子…
がんばれ
ここまでです
次の日も
花子…
がんばれ
…
その次の日も…
花子…
あの…
え!?
消灯なので
帰って…
ごめんなさい
大助さんからの伝言で…
ドクター
「オリックス優勝したよ」
ーです
ハイ
…

てました。見てましたけど、心肺停止の状態で救急搬送され、生きるか死ぬかをさまよって、ようやく意識が戻ったばかりの嫁にそんなこと言います？　それも毎日病院に通ってきて、なんとか会えないかとウロウロして。後日、「なんであんなこと言ったん？」と聞いたら、まじめな顔で「気になっているやろうから、ちゃんと教えておいたほうがええと思って」ですって。おかしいでしょう。どれだけ深刻なときでも、あの人といると笑ってしまうんです。

心臓カテーテル手術とスマホ首

こんなこともありました。抗がん剤の副作用で心不全を起こし、呼吸困難になって救急搬送されたため、心臓カテーテル手術を受ける必要があったんです。リスクのある手術ですから、主治医の先生が大助くんに手術の詳細を説明し、

「大助さん、これは大事な手術ですから立ち会っていただけますか」と。私は大助くんが怖がりなことを知っているので、「大丈夫？　無理せんでええよ」と言いました。すると胸を張り、「うん、大丈夫や。先生があぁ言うてはんねんから、立ち会わな。ちょっと早めに来るようにするわ」と大きい顔をさらに大きくふくらませてきっぱり。そこまで言うなら、安心してお願いしようと思いました。

ところが当日、今か今かと待っているのに姿を見せません。どうしたんだろうと心配していると電話がかかってきました。大助くんからです。いつにない小さな声で「ごめん。今日、行かれへん。昨日の晩、スマホをやりすぎたみたいで首を痛めてしもてな。慌てて近所の病院に言ったら、『動いたらあきません。車も乗ったらあきません。絶対安静にしてください』って言われたんや」。

は？

開いた口がふさがらないとはこのことです。よりによってこんな日にスマホ首になりますか？　嫁の大事な手術ですよ。代わりに娘が付き添ってくれましたが、つくづくおもろい人だと思いました。

そんなおとぼけの大助くんですが、この入院中、講演に一人で出向き、私のことを思い出したら胸がいっぱいになったんでしょう。壇上で人目もはばからず号泣したそうです。その姿に多くの人がもらい泣きしたと聞きました。

心臓カテーテル手術を受けるのは、もちろん初めてでした。看護師さんに「部分麻酔しますね。寝てくださっていいですよ」と言われましたが、こんな経験、そうそうできることじゃありません。しっかり見ておかないと損だと思い、モニターで細い管が足の付け根から心臓まで入っていく様子をじっと見ていました。いやあ、おもしろかった。時間にして1時間くらいでしょうか。看護師さんが「終わりました。いかがでしたか」と聞いてくださったので、「めちゃめちゃ楽しかったです。こんなん見れてよかったわあ！」と答えたら、目を丸くして驚いていました。心臓カテーテル手術を楽しいなんて言う患者は、私が初めてだったそうです。実際は、手術後のほうが大変だったんですけどね。約6時間まったく動いてはいけなくて、つらかった記憶があります。

そういえば、救急搬送される瞬間も「苦しい、苦しい」と言いながら動画を自撮りしていましたし、どうやら私には、何でもおもしろがるところがあるみたいです。それが生きる力につながっているのかもしれません。今回もおかげさまで急速に回復し、循環器科の熱男《あつお》先生（上田友哉先生）に「あんな状態で来た人が、こんなに早く元気になるなんて驚異的な生命力だ。花子さん、あなたICUに入っている患者さんで一番元気やから、明日から普通病棟に行ってください」とあっさり言われてしまいました。熱男先生というのは、私が勝手につけたあだ名です。どんなことにも熱心になる「ザ・熱い男」なんです。のちに、私の闘病や仕事に対する姿勢を変えるひとことをおっしゃるのですが、それは、もう少しあとにご紹介しましょう。

伝えたい。多発性骨髄腫という病気のこと

心肺停止寸前という大変な経験をしたおかげで、がんという病気への考えが改まりました。多発性骨髄腫に限ったことではないと思いますが、がんになると誰もが完治をめざします。私もそうでした。元の健康な体に戻りたいと思うのは当たり前のことですもんね。でも、そんな単純な話じゃないんです。腫瘍をやっつけようと抗がん剤を急げば、今回のように心不全になることがある。介護してくれる人に遠慮しておしめ交換をお願いしなかったら、感染症から敗血症になって、あっという間に死んでしまうことだってある。まったく予想しなかった副作用に苦しんだり、ほんのちょっとしたことから症状が悪化して重篤な状態になっ

たりするんです。がんそのものより、その周辺症状に苦しむことが多いと言っても決して大げさじゃありません。それが、がんとつきあう最大の難しさだと思います。

2019年に記者会見で病名を公表したときには、私もそんなことは知りませんでした。完治に向けてまっすぐにがんばればいいと考えていたんです。ところが多発性骨髄腫は、治る病気じゃなかった。症状に応じて適切に治療しながら、一生つきあっていかなければならない病気でした。最初からそのことをもっと意識しておけば、防げたことがたくさんあったと思います。

この本を書いたのは、私自身の苦い経験から得たものをできるだけ多くの人々に伝えたいと考えたからです。多発性骨髄腫は、悪性リンパ腫や白血病と同じく血液のがんですが、発症するのはたいてい60代以上。そのため、若い人たちはほとんど知りません。年輩の人でも知らない方が多いでしょう。かく言う私も初耳でした。知識がないために患者だけでなく家族もポカンとしてしまい、何をどうすればいいのか、どこに注意して生活すればいいのかわからず右往左往してしまうんです。

もし多発性骨髄腫と診断されたら、病気をちゃんと理解して賢く闘病してくださぃ。私は今、フェイスブックやX（旧ツイッター）で同病の人たちと交流していますが、心配になる投稿が目につきます。「この薬は効かない。もう飲むのをやめた」とか「今日はビールをたらふく飲んでやるぞ」とか。そんな投稿を見ると「ああ、あかん、あかん。何してんの」と思わず声が出てしまいます。できるなら、その場に駆けつけてお説教してあげたいくらい。もちろん気持ちは痛いほどわかりますよ。でも、ちょっと待ってと言いたいんです。多発性骨髄腫は完治しなくても、上手につきあっていけば、長く生きられる病気です。投げやりになるのが一番あきません。先生方とよく相談して、処方された薬を毎日きちんきちんと飲み、無茶をしないこと。基本を守って、まじめに病気と向き合いましょうよ。

がんばっていれば、そのうちに新薬が出てきたり、治療法が見つかったりすることもあるんですから。現に私が今、こうして生きて仕事を続けられるのは、2021年に発売された抗がん剤のおかげ。ちょうど発病から3年後のことでした。ヒアルロン酸と一緒におなかに皮下注射をするのですが、痛くないんです。髪の毛も抜けません。怖かった抗がん剤へのイメージが180度変わりました。「あの薬がなかったら、花子さんはとっくにあの世に行ってたよ」と天野先生もおっしゃるほど、よく効いたんです。だから、どんなときも希望だけは絶対に捨てないでください。

なんばグランド花月 漫才復帰に向けて

2023年は、新型コロナウイルスがインフルエンザなどと同じ5類に移行し、外出自粛の要請もなくなった年です。私たちもコンビでお正月のNHK「新春生放送！」に出演したり、節分の成田山大阪別院の節分豆まき式に参加したりと年始から忙しいスタートに。大助くんと二人で「今年は復活の年にしよう」と誓い合っていました。

その言葉どおり、5月1日には、なんばグランド花月地下のYESTHEATERで開かれる公演「宮川大助・花子の『おまたせ！』」で4年ぶりに漫才をすることになりました。センターマイクの前に立つのは、2019年の名古屋・大須演芸場以来。8日後に迫ったなんばグランド花月での漫才復帰の前哨戦としても大きな意味をもつ舞台でした。

YES THEATERの舞台袖に行くには、8段の階段があります。私は車椅子を降りて、1段1段ゆっくりと這いつくばるようにして上っていきました。どれだけ時間をかけても、自分の力で上っていく。一歩ずつ進みさえすれば、いつかセンターマイクに近づける。そう自分に言い聞かせていたのです。

いよいよ幕が開き、車椅子で舞台に登場すると割れんばかりの拍手です。大きく手を振って「4年ぶりに、皆さんの前に出ることができました!」と声を張ると、さらに大きな拍手。「私、金曜日に抗がん剤を打ちまして、今日はすこぶる元気です! 治らなくても、こうやって元気になんとか生きてます。皆さんより私のほうが長生きすると思います。皆さんも根性決めて長生きしてくださいよ~!」。じつは、このとき右の頭の骨にできた腫瘍と白内障で客席はほとんど見えなかったのですが、皆さんが喜んでくださっている雰囲気はしっかり感じとれました。ゲストのさや香、インディアンス、天才ピアニスト、フリーサイズ、ラニーノーズ、夫婦円満、桂珍念も次々に登場して会場をわかせてくれます。テンダラーの二人は「どうしても復帰公演に出演したい」と京都・よしもと祇園花月から出番ギリギリに駆けつけてくれました。私が「出囃子《でばやし》が鳴っても、パンツ一丁やったな」と暴露すると、会場は大爆笑。ありがたいことに矢野・兵動の矢野くん、長年の仲間であるザ・ぼんちのお二人も来てくれました。おさむちゃんが、あの口調で「本当にしゃべくりが達者。何年か休んでたなんて、全然感じなかった。僕のほうが休んでるみたいや」と言うと、会場は何度も大きな笑いに包まれました。

「芸人」から「患者」へと変わった日

そして8日後の5月9日。いよいよ夢にまで見た聖地・なんばグランド花月での漫才復帰の日がやってきました。3年半前の記者会見で「大目標」として掲げたことがいよいよ実現するのです。なんとかして万全の体調で臨みたかったのですが、依然、週1回のステロイド投与、月1回の抗がん剤治療を受け、1日約20錠の薬を飲んでいる状態。当日のコンディションが読めないため、スケジュールはずっと仮予定のままで、前日になってようやく「よし、いける」と正式に決定したのです。

記念すべき復活の日、じつは、珍しく大助くんと気まずくなる出来事がありました。きっかけは、現場に向かう車中で私が発したひとこと。「大助くん、あのな、ごめんやけど、もし舞台でしんどくなったら、漫才の途中でもやめるよ」と言ったんです。それを聞いた大助くんは、これまでと打って変わって厳しい口調で「そんなこと言うたら、あかんやないか。お客さん、楽しみに見に来てはるのに途中でやめるなんて絶対あかん！」。

驚きました。大助くんも「そうやな。しんどかったらやめたらええがな」と言ってくれるんじゃないかと思っていたからです。でも、考えてみれば、最愛のお母さんが危篤のときも、舞台を優先して死に目に会えなかった悲しみを黙ってこらえた人です。舞台を命よりも大切にする芸人魂の持ち主。漫才を途中でやめると言われて、怒らないはずがないんです。でも、そんな大助くんに「うん、わかった。どんなことがあっても最後までやる」とは言えませんでした。その代わり、こう続けたんです。「先生に言われてるから。『しんどくなったら、何があってもやめなさい』って。そやから、そうさせてもらう」。大助くんは前を見たまま黙っていました。

静まり返った車の中で窓の外を眺めながら、自分が芸人ではなくて患者になったことを悟りました。「芸人」だった自分への名残惜しさと「患者」として生きる覚悟を決めた自分へのいとおしさが入り交じった、あのなんともいえない気持ち。今思い出しても少し泣きそうになります。大助くんは複雑な思いをかみ締めていたに違いありません。漫才に妥協したくない、でも嫁の体は心配。そんな胸の内が痛いほど伝わってきました。

じつは「明日の舞台、少しでもしんどくなったら、すぐにやめてくださいね」とアドバイスしてくれたのは、あの熱男先生でした。そう、私の姿勢を変えてくれたひとことというのが、この言葉なんです。フジテレビのドキュメンタリー番組「ザ・ノンフィクション」の密着取材中に、きっぱりとおっしゃいました。その言葉を聞いたとき、もし舞台で倒れるようなことがあったら、芸人としての花子ではなく、患者としての美智代が恥ずかしく感じるだろうと思いました。先生方をはじめ支えてくださるすべての医療スタッフの皆さんに恥ずかしくて顔向けできない、と。

この車中の様子が「ザ・ノンフィクション」で放映されると、「花子さんは舞台で死にたい人だと思っていた。しんどくなったらやめると言うなんて意外だった」と多くの人に言われました。そう思われても仕方ありません。発病から5年、たくさんのつらく苦しい経験をしてきました。自分でも知らないうちに、多発性骨髄腫の患者であることを受け入れ、がんとの闘いを最優先する道を選んでいたのです。

もちろん、会場に着いたら、二人の間にそんなやりとりがあったことなどおくびにも出しません。ＳＮＳで「今日の復活、泣きに行きます！」とメッセージをくださったファンの方には、「笑いに来てや！」と明るく返しました。ああ、お客さまが待っていてくれる。そう思うとぐっと気合が入るのは、芸人・宮川花子が生きている証しです。

この日の出演は、全18組中4番目。若手が続いたあとだけに、なんとしても最初に大きな笑いが欲しいと思っていました。そして、私たちの出番。「4年ぶりにＮＧＫに戻ってきたぞ〜！」。そう叫ぶと、予想以上の大きな拍手です。「今日来てくださったお客さんは、大助・花子の生き証人。4年ぶりに戻ってきたその日を見てくださった特別なお客さん。終わったら一人ひとり握手してお見送りしたい……という話は出ておりません（笑）」と言うと、ねらいどおりの爆笑が返ってきます。

しかし、なんといっても極めつきは大助くんの言い間違いでした。いつものように大助くんを「大谷翔平です」と紹介したら、久しぶりのNGKに緊張したのか、「ピッチャーとキャッチャーの二刀流で」と言うんですよ。もう、さすが大助くん！ すかさず「誰が投げて、誰が受けるねん！」。どっと大きな笑いです。よし！ いけた！ 大きな手応えを感じました。舞台袖からは多くの芸人さんや吉本興業の関係者が食い入るように見つめています。その熱い視線も「ああ、待っといてくれたんや」とうれしかったですね。東京パラリンピックで銀・銅メダルを獲得した全盲のランナー、和田伸也さんが楽屋を訪ねてくださるサプライズもあり、励まされるとともに感激しました。

漫才後の会見で大助くんは「僕たちは、ＮＧＫに育ててもらいましたから。センターマイクに向かいながら、『ここを何回歩いたんだろう』ってしみじみ考えました」と語っていました。涙もろい大助くん、舞台袖からすでに泣きそうになっていたのです。私も、センターマイクに近づくごとにどんどんうれしくなって……。最高のお客さまたちが「大助・花子」を上手にのせてくださって、途中でやめることなく最後まで楽しく舞台を務めることができました。

その後の検診で「熱男先生、途中でやめずにすみました」と報告すると、「よかった、よかった」と喜んでくださいました。その笑顔を見て、私も心からほっとしたのです。

「ザ・ノンフィクション」の密着取材

7月2日、発病からなんばグランド花月での漫才復帰までの私たちを密着取材したフジテレビのドキュメンタリー番組「ザ・ノンフィクション『花子と大助～1450日ぶりのセンターマイク』」が放映されました。私たちを取材した「ザ・ノンフィクション」は2020年（前編・後編）、2022年の特別編に続く第4弾。今回はこれまで以上に反響が大きく、「感動した」「勇気をもらった」という声をたくさんいただきました。

じつは、この番組を取材している神林紀行ディレクターとは長いつきあいなんです。最初は、2011年の東日本大震災のとき。あまりに大きな被害を見て、居ても立ってもいられなくなった大助くんと私は、頻繁に東北各地に足を運び、復興支援で漫才や舞台を披露したり、イベントに出演したりしていたのですが、その記録係をしてくれたのが彼なんです。2018年の発病後、紫綬褒章の受賞記念イベントで病気のことを打ち明けてから、密着取材がスタート。自宅に泊まってもらい、何もかも包み隠さず撮影してもらおうと心に決めていました。お尻にできた褥瘡《じょくそう》（床ずれ）の治療風景すら「どうぞ、遠慮なく撮って」と言えたのは、きれいごとではない病気の真実を多くの人々に知ってもらいたかったからです。心不全で救急搬送されたときも「おはようさん。昨夜から呼吸がおかしくて、フィーフィー言うてる。寝ててもうるさいんやわ」という文章を添えて自撮りした動画を神林ディレクターに送りました。その動画は、実際の放送で使われています。

こんなこともありました。なんばグランド花月復帰直前の記者会見のことです。私が「生きるってしんどい」とポロリともらしたら、神林ディレクターが楽屋にやってきて、「病気になられてからも、『芸人は人を悲しませたらあかん、常に笑いを提供するんや』とおっしゃっていたじゃないですか。人前ではいつも元気に振る舞っていた花子師匠が、記者会見で『生きるってしんどい』と言うなんて……。本音が出ていた気がして、つらいです」と。声が震えているなと思ったら、泣いていました。ああ、悲しませてしまった、悪いことをしたなあと思い、「あかんねんけど、ほんまに何回も思うねん。生きるってしんどいって思ってしまうねん。ごめんな」とあやまりました。

そんな泣き虫ディレクターも、なんばグランド花月の漫才復帰では、涙を見せることなく夢中になって撮影したようです。舞台が終わると、会心の撮影ができたことを自慢するみたいな満面の笑顔。きっと彼にとっても、私たちとともに闘った1450日だったんでしょう。センターマイクに戻るという大目標を一緒になって実現した、かけがえのない瞬間だったのです。

大助くん、私をお風呂で2回落とす

厚生労働省の調査によると、お風呂での死亡事故は交通事故死の6倍だそうです。すごいですね。それくらいお風呂は危険な場所なんです。皆さんも気をつけてくださいよ。何を隠そう私も、大助くんにお風呂で2回落とされました。1回目は、2019年、「余命1週間」と言われるほど重篤な状態で病院に担ぎ込まれる直前のこと。入院後、体中くまなくレントゲン撮影してもらったときに発見されたんです。「あれ？　花子さん。お尻の骨、ちょっと折れたあとがありますよ」と先生がおっしゃるからびっくり。当時は、どこもかしこも麻痺していたのでわからなかったんです。指摘されて初めて「ああ、あのときのことか」と思い当たりました。「それ、大助くんがお風呂で落としたときですわ」と言うと、先生はなるほどとうなずいて「ほな、そう書いておきますね」。今もカルテには

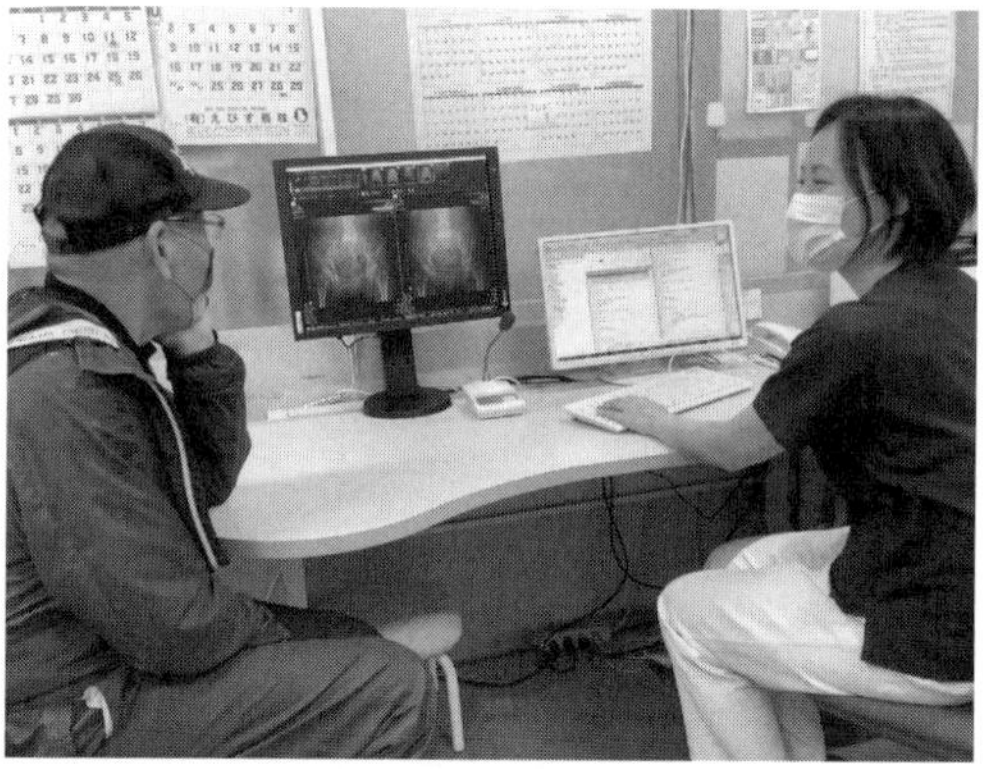

毎回毎回、病状の詳しい説明を受けるのも大助くん。

さゆみと3人で奈良県・西和警察署の一日警察署長を。お風呂で骨折しそうになった直後。

「大助さんが落とした」と書かれているはずです。

2回目は、2023年のなんばグランド花月での漫才復帰後の9月でした。奈良県の西和警察署で大助くんやさゆみと一日署長をしたんですが、その直前。これは、ほんとに大変でした。ステンと滑ってしまって、立ち上がろうとするけれど、床はぬれているし、石けんで手は滑るし、自力ではどうしても立てません。大助くんも必死で抱え上げようとしてくれるんですが、うまくいかないんです。夫婦二人、真っ裸で格闘。大ごとですよ。でも、こんなときも大助くんは期待を裏切りません。困りきった顔で仁王立ちし、「僕もな、裸やろう。そやから難しいねん」と言うんです。そのときは、「そら、そうやな」と納得しそうになりましたが、よく考えたら大助くんが裸である必要あります？　腰が悪いとはいえ、私と違ってサッと歩けるんだから、服を着てくれればよかったんちゃうかな？　いつも一生懸命で、どこか抜けている大助くん。一緒にいると、こんなときでさえ笑ってしまうんです。
その後、ようやく車椅子に座れたものの、私が座面の端をつかんでいるのに気づかず、大助くんが持ち上げようとしたため手を挟んでしまって、血がパーッと飛び散って。これにもびっくり仰天。お風呂がもう少しで流血現場になるところでした。後日、理学療法士さんに話したら、「よく立てましたね！　普通できませんよ」と感心されてしまいました。どうやら私たち二人、風呂場の馬鹿力を発揮していたようです。このときは、骨折しなかったのがせめてもの救いでした。

今は、入浴は訪問看護師さんにお願いしています。「大助、花子をお風呂で落とす　パート3」を皆さんに紹介できないのは残念（?）ですが、多発性骨髄腫は、なにはともあれ骨折に気をつけなくてはいけない病気。大助くんも肩の荷が下りてほっとしているんじゃないでしょうか。

「13日の金曜日」ジェイソン誕生

2023年9月下旬、抗がん剤治療も一段落し、フリーライトチェーンも正常値に。ほっとひと安心して自宅でリハビリに励む日々を過ごしていました。そんなとき、ちょうど大助くんが白内障の手術をするというので、それなら私もと大阪府内の眼科を一緒に訪ねたんです。大助くんは簡単な検査ですぐに手術日が決まったのですが、「花子さんは多発性骨髄腫の治療中だから、奈良県立医科大学附属病院で念のため診てもらってください」と言われてしまって。面倒くさいなあと思いながら、吉野病院の院長に就任された天野先生に代わって担当医となった長谷川淳先生にその旨を伝えました。すると「フリーライトチェーンも異常がないから大丈夫だとは思いますが、万が一ということもあるのでＰＥＴ検査をしておきましょう」と。先生がそうおっしゃるならと、私も軽い気持ちで検査に臨みました。

ところが、なんと右の頭の骨に新しい形質細胞腫が見つかってしまったんです。正直、こんなことなら調べなければよかったと思いました。私という人間は運がいいのか、悪いのか。心底がっかりしましたが、PET検査をしていなければ、もっと大きくなるまで見つかっていなかったはず。腫瘍ができたのは運が悪いけれど、早めに見つかったのは運がいい。見つかってよかったんだ、私はやっぱり強運なんだとひたすら自分に言い聞かせて、折れそうになる心を奮い立たせました。

10月5日、放射線治療のための特製マスクを作り、12日に入院しました。マスクと言っても、コロナ禍以降おなじみのマスクとはまったく別物ですよ。「ガンマナイフマスク」と呼ばれる顔全体を覆うプラスチックマスクのことで、これをつけると、たちまち映画「13日の金曜日」のジェイソンに変身できるというホラーな「仮面」。その「仮面」をつけて治療機器の中に入り、患部にピンポイントで放射線を照射するというわけです。

マスクは前面だけでなく後頭部側にもつけ、両方からがっちりと頭部を挟んで固定するので、閉所恐怖症の私にとっては悲鳴を上げてしまうほどの恐ろしい体験でした。退院するとき記念に持ち帰らせてもらい、自宅に来客があるたびに「ちょっとマスク見てみる?」と聞いてみました。すると、みんな初めて見る代物に興味津々、恐る恐る手にしては顔に当ててみるのですが、「それと同じのが後頭部側にもきて、がっちり固定されるねんで」と伝えると、口をそろえて「ひゃーっ! それは怖い!」と。そうなんです。怖いんです。入院中の放射線治療は1回15分、計15回。われながら、よくがんばったと思います。病気の治療にラクなものはひとつもありません。

兄貴！ 妹や。 ハゲちょびれなった

放射線治療のために入院中のある日のこと。ベッドで私の髪をすいていたさゆみの手がふと止まりました。

「おかあさん」

「うん？」

「ここハゲてるで」

えっ？ 一瞬、何を言っているのかわかりません。

「何て？ もう一回、言うて」

「ここ、ハゲてる」。今度こそ、はっきりと聞こえました。

「えっ？ ハゲてる？ どこ？ どこ？」。写真に撮ってもらうと、確かに後頭部の下のほうに、まーるいハゲができているではありませんか。思わず「もう、先生言うといてやあ。こんなん知らんやん！」。天井に向かって、誰に言うともなく大きな声を出しました。かつて髪が抜けるのが嫌で抗がん剤治療をしぶったほどの私です。ハゲるのだけは、ほんまに勘弁してほしい。その後、手鏡で自分の顔をじーっと見てみると、眉毛の片方も薄くなっている気がします。ますますショックです。でも、次の瞬間、あることを思いつきました。

「兄貴！　妹や。ハゲちょびれなった」

そう書いて、写真と一緒に、思いつく限りの頭髪が薄い若手・後輩芸人さんや弟子宛てにメールを送ったのです。続々と返事が返ってきました。

「師匠、僕らは放射線を当ててないのにハゲてます。師匠のハゲは、いつか治るやろ」

放射線治療の固定具
ジェイソン
「13日の金曜日」
これ記念にちょーだい♪
ハゲ
!!
放射線治療すると毛が抜けるのだ…
ショックー!!
「はげちょびれなった泣」
メール
ボクは放射線やってないのにハゲです
師匠は治りますやん

おっしゃるとおり！　笑いながらやりとりしているうちに、少しずつ気分が明るくなっていきました。でも、たったひとつのハゲでこんなに動揺するんですから、乳がんなどの抗がん剤治療で頭髪が抜ける患者さんたちの気持ちはどれほどかと思いました。

名古屋で4年ぶり単独ライブ

入院から約2週間。10月28日は、名古屋の大須演芸場で4年ぶりの単独ライブ「宮川大助・花子の『ただいま！』in名古屋」の日でした。放射線治療で体力が落ちていたため出演には不安があったのですが、大須演芸場は、2019年6月の同劇場を最後に闘病に入った思い出の場所。「なんとしても行かな。絶対に負けたらあかん」。自分に言い聞かせ、病院から劇場に直接向かいました。

大助くんに車椅子をゆっくり押してもらいながら舞台に登場すると、客席からたくさんの「おかえり！」の声。「ただいま！　薬のかげんでボーッとしてます。この人は薬、飲まんでもそうやけど」。大助くんをさして言うと、どっと大歓声です。ああ、ここでも私たちの漫才を待ってくれてはったんやとお客さまへのありがたさが胸にこみ上げました。この日は、私の体力を考えてぶっつけ本番。打ち合わせなしのアドリブ漫才です。心肺停止寸前になって救急搬送されたことや大助くんが下の世話までしてくれたことなど、ありのままの日々をネタにして披露すると、会場は大きく盛り上がりました。

そのあと、野性爆弾・くっきー！の登場です。彼が舞台に現れたとき、どことなく見覚えのある服を着ているなと思ったら、なんと私が35年前に胃がんを患った記念に作った胃袋のイラストつきTシャツじゃありませんか！　よくもまあ、そんな昔のグッズを引っぱり出してきたもんだと感心しました。さすが自称・大助・花子マニア。じつは、くっきー！は私たちの公式グッズコレクターでもあるんです。

「いやあ、怒濤《どどう》のマシンガントークと、アウアウ言うだけのオッサンの絶妙なかけ合いが、なによりの魅力ですな」なんて、彼ならではの表現で持ち上げて（？）くれると、お客さまは大爆笑。しかも、大きな紙袋から何やら出してきて、「新作のオリジナルTシャツを作ってきました。大助師匠がこれまでに放った数々の迷言をプリントしたレアものでっせ」と。それで終わりとか思いきや、「そうそう。ラッセンの絵を持ってきました」とプレゼント攻勢は続きます。しかも、あのイルカの絵で有名な画家の作品ではなく、くっきー！が描いた「ラッセンの肖像画」なんです。

本人は「『ラッセンの絵』であることに間違いおまへんやろ」と涼しい顔。受け取った大助くんも、うれしくてたまらない様子で「さあ、最初は1万円からいきましょう！」と、オークションのかけ声でお客さまを盛り上げました。いや

名古屋の大須演芸場で野性爆弾・くっきー！や大花ファミリーと。

あ、楽しかった。幸せな時間でした。

「ラッセンの絵」は今、わが家の中で一番目立つ玄関に飾ってあります。大助くんいわく「この絵には、花子師匠が回復しますようにという祈りが描かれている」んだとか。どこに祈りが込められているのかは、私には今ひとつわかりませんが、見るだけで笑顔になり、元気が出てくるから不思議です。

車椅子でも漫才はできる

11月14日も名古屋でした。御園座で開かれる「年末恒例大爆笑大会 よしもと爆笑公演」に出演したんです。この日の熱気は、まあ、すごかった。時間がたった今も忘れられません。舞台袖には若手の芸人さんが大勢立ち、私たちの舞台を食い入るように見つめていました。漫才を終えるとお客さまの拍手は鳴りやまず、なかには立ち上がって大きく手を振る人も。いつまでも拍手が続いたため、次の出演者に申し訳なく思ったほどです。

もちろん、これまでも舞台に出るたびにお客さまに温かく迎えてもらいましたが、日を追うごとに歓声や拍手が増えていくのを感じていました。「がんばってや、花ちゃん！」「花ちゃん、やってるな」「花ちゃん、待ってたで！」。そんなかけ声があちこちから聞こえてくるんです。それがどれほど励みになっているか、ひとことでは表せません。私、漫才を始めてからずっと「やめる」「やめる」とばかり言ってきた人間なんです。どんなインタビューでも「一番の夢は専業主婦。一番幸せだったのは、大助くんと私がコンビを組む前、二人ともガードマンをしていた時代です」と答えていたくらい。

でも、多発性骨髄腫になって以降は、「やめる」とか「やめたい」なんて一度も言ってません。「意地でもやったる」と決めているからです。こう思えるようになるまでは、それはそれは、ものすごい葛藤がありました。

前著の最後に、私はこう書いています。

長〜い闘いになるけど、あきらめるわけにはいきません。
センターマイクが遠ざかる。いやいや、いつかたどり着いてみせる。
どんなことがあろうとも。
あわてず、あせらず、あきらめず。私は闘い続けます。
みんなと笑顔で会える日まで。

この部分は、本が出る直前にフリーライトチェーンの数値が上がったため、急きょ加筆しました。今読むと、「センターマイクが遠ざかる」の一文に再発した悔しさがにじんでいます。もう一度、自分の足で立ちたいという願望と、それはもうかなわないだろうというあきらめがせめぎ合っていた時期でした。パラリンピックで活躍する選手の皆さんに感銘を受け、自分も「パラ芸人」としてやっていこうと思い始めてはいたものの、車椅子でセンターマイクの前に立って漫才をすることだけは考えられませんでした。大助くんも同じだったと思います。私たちにとって「センターマイクの前に立つ」とは、「センターマイクの前に自分の足で立つ」こと以外にありえなかったんです。

車椅子でいる以上、漫才はできない。

それは、長年舞台に立ってきた漫才師としての矜持《きょうじ》でした。車椅子への偏見ではありません。笑いというのは本当に繊細なんです。いつもとちょっと違うところがあるだけで、それが気になって笑えなくなる。私が車椅子で舞台に出てきた時点でお客さまは、そこばかり見てネタに集中できなくなるでしょう。すると、もう漫才は成立しないんです。

芸人は同情されたって仕方ない。そうなったら笑いをとれない。もし漫才をやるんだったら、お客さまが気にならないくらい元気になってから。かたくなにそう思っていました。だからこそ、なんとしても歩けるようになりたかった。リハビリもがんばりました。

でも、心の底では「今の状況を受け入れて、この体で生きていくしかない。もう『病人』ではなく、障害者手帳を取得した『障がい者』なんやから。その中で何ができるかを考えなあかん」という思いがあったのも事実です。特に2022年10月、心肺停止寸前で救急搬送されたとき以降、気持ちは大きく変わっていきました。車椅子に乗ったままでも漫才をしたいという思いを抑えられなくなったのです。大助くんにも打ち明け、マネージャーを通じて吉本興業に私たちの決意を伝えました。こうして、先に書いた4年ぶりのなんばグランド花月での漫才復帰が実現したのです。宮川花子という「パラ漫才師」の誕生です。

なんばグランド花月でも大須演芸場でも御園座でも、お客さまは肩を揺らして笑い、大きな拍手を送ってくださいました。車椅子は、大助・花子にとってハンディにならなかったのです。「もう漫才はできない」と思い詰めていた当時の自分に見せてやりたいと思いました。「ほら、お客さん、こんなに笑ってくれたはるで」と。世の中には、車椅子で生活している人がたくさんいるし、劇場に車椅子で来る人もいらっしゃるでしょう。そんな方々に、私が車椅子で舞台に上がることで元気や勇気を与えたい。今は心からそう思っています。

センターマイクの前に立つのではなく、車椅子でも漫才をしたいという気持ちが強くなった。

なにわ介護男子、本格デビュー

話を再び、放射線治療で入院していたときに戻しましょう。このとき、じつは想像もしなかった新たな症状に苦しんでいました。退院を目前にして右足がまったく動かなくなったのです。この後、MRI検査を3回受けることになるんですが、脳にも首にもまったく異常は見つからず。じつは、いまだに原因はわかっていません。しかし現に、右足はまったく動かなくなっているため、寝たきり同然。入院するまでは一人でトイレにもお風呂にも行けていたのに、それすらできなくなってしまったのです。退院を控えて、一番の難題は夜間のトイレでした。バルーンカテーテル（医療用の管を尿道から膀胱まで通して入れたままの状態にし、尿を膀胱にためずに畜尿袋と呼ばれる袋の中にためる仕組み）を使おうということになったのですが、問題は、誰が管を尿道に挿入するかです。先生と看護師さんが病室で「月水金に来てくれる訪問看護師にお願いするのはどうでしょう」「うん、それが一番いいかもしれない」などと真剣に話し合っていたときです。

「僕、やりましょか」

どこからか聞き慣れた声がするなと思ったら、大助くんがあの顔で手を挙げているじゃありませんか。先生も看護師さんも驚いて、「えっ？　ほんまですか⁉」と。まさか夫の大助くんが立候補するとは思わなかったんでしょうね。でも、大助くんが至って本気な表情なのを見て、病院と自宅で看護師さんの指導のもと練習してみることになったんです。そしたら大助くんの上手なこと！　ひと通りやり方を教わったら、管を手にして「ほな、いくで」と言うと、一発で尿道にスッ！「えっ？　もうできたん？」と私がびっくりしたくらいです。看護師さんも「初めは皆さん怖がるのに、大助さんには迷いがない」と絶賛。みんながあまりにほめるので、気をよくしたんでしょう。大助くん、「いやあ、もう長いことお世話になったとこですから」。

渾身《こんしん》の下ネタです。でも、誰も笑いません。皆さん、聞こえなかったふりをしてスルーです。それがよけいにおかしくて、私は心の中で爆笑していました。30年前だったら、こんなこと絶対に言えなかったですもん。この年になったからこそ、サラッと言えるんです。さすが大助くん。いつか必ず漫才のネタにしようと思いました。

11月中旬、約1カ月ぶりの退院を迎えました。大助くんは病院を出るときからそわそわした様子で、「めっちゃええ車椅子、用意しといたからな」と言っていました。私が家で暮らしやすいように新しい車椅子を用意してくれたんです。「ありがとう！」と感謝を伝え、帰宅後、さっそく車椅子に乗せてもらったんですが……どうもしっくりきません。手がハンドリム（手でこぐときにつかむところ）に届かないし、足もブラブラと浮いたままです。大助くんはそれには気づかず、満面の笑顔のまま私の顔をじっと見ています。

「ええやろう、それ」

「うん。でも、どうやって動かすの？」

「なんでやねん。いつもみたいに動かしたらええねん」

「そやからやってるやんか。でも手も届かへんし、足も浮いて届かへんねん」

「えっ？」

「ただのロッキングチェアやで」

そこにいた全員、爆笑です。どうやらサイズを間違っていたみたい。後日、交換してもらいました。

右足がまったく動かなくなって、いったいこれからどうなるんだろうと落ち込んでいた私も思わず笑ってしまいました。これまでも大助くんのおもしろいところをあれこれ書いてきましたが、そのたびに救われてきたんです。人間、病気をすると「みじめに見えてないやろうか」という不安がぬぐえません。「体の大きい大助くんが、背中丸めて嫁の介護をしていたら、みじめに見えるんちゃうか。私のせいで申し訳ない」と、どうしても思ってしまうんです。

でも、大助くんがいちいちおもしろすぎるから、深刻にならないんですよ。実際にやっていることは大変なことばかりです。介護はしんどいことの連続。毎日、何百回もうさぎ跳びをしているみたいなものだと思います。でも、大助くんは「うさぎ跳びして」って言われたら、「よし、わかった！」と張りきって、うさぎの着ぐるみをかぶってくるみたいなところがあるんです。だから吹き出してしまう。ほんまにおもしろすぎます。

患者としての私の流儀

なにはともあれ、右足がまったく動かなくなった原因を探る必要がありました。先生方は「MRIを撮りましょう」とおっしゃるのですが、私、極度の閉所恐怖症なんです。だから発病した当初から、「MRI検査だけは勘弁してください。絶対に嫌です」と伝えてきました。でも、「脳神経内科の先生が、どうしても調べたいと言っているから」と説得されて、仕方なく同意することに。精神安定剤を飲んで臨んだのですが、途中で耐えられなくなり大声で叫んでしまいました。看護師さんに鎮静剤の注射を打たれたみたいで、目が覚めたら病室のベッドの上。そんな大嫌いなMRI検査を3回もやったんです。その結果、脊髄も脳も首もまったく異常なし。結局、原因はわからないままでしたが、どこも悪くなかったことには少しほっとしました。

苦手なMRI検査をがまんしたんですから、自分にごほうびをあげても罰《ばち》はあたらないでしょう。私は昔から甘いものに目がありません。看護師さんに頼んで院内のコンビニに連れていってもらい、大好きなソフトクリームを食べることにしました。その様子を「ソフトクリーム、おいしい！」とSNSに上げたら、いろいろな人が「ほんまにいつも楽しそうやなあ」って。「いや、楽しくないで。苦しんかったんやで」って返しましたが、よっぽど能天気に見えたんでしょうね。あれだけMRI検査でつらい思いをしたあとに、ケロッとしてご機嫌にソフトクリーム食べる患者なんて、確かに私くらいかもしれません。

このときに限らず、「どうしてそんなに前向きでいられるんですか」とよく聞かれます。答えは、至ってシンプル。前を向くしかないから。明日を見つめて進むしかないからです。でも、最初からこうだったわけじゃありません。私、もともとはマイナス思考の人間なんです。2年ほど前までは、朝、目が覚めると「はあ、生きてた」「まだ生きてる」とため息をつくのが習慣でした。そう言うと大助くんが嫌な顔をすることには気づいていましたけど、つい口からもれてしまうんです。それくらい「生きるってしんどいなあ」と毎日思っていました。でも、ある日、大助くんが言ったんです。「マイナス思考はやめようや」って。「毎朝『生きてた』って言われる立場にもなってくれよ。僕も『よかったなあ』って言えるくらい人間ができてたらいいんやけど、つらそうにため息つかれたら、聞いてて悲しくなる」って。ほんまにそのとおりやと思いました。それからは一切言わないようにしています。

もうひとつ、よくあるのは「花子さんは、お医者さんや看護師さんたちと、どうしてそんなにいい関係がつくれるんですか」という質問です。患者さんやご家族の中には、お医者さんたちとうまくコミュニケーションをとれず、不信感をもつ人が多いみたいですね。私はちょっと変わっているのかもしれませんが、病院

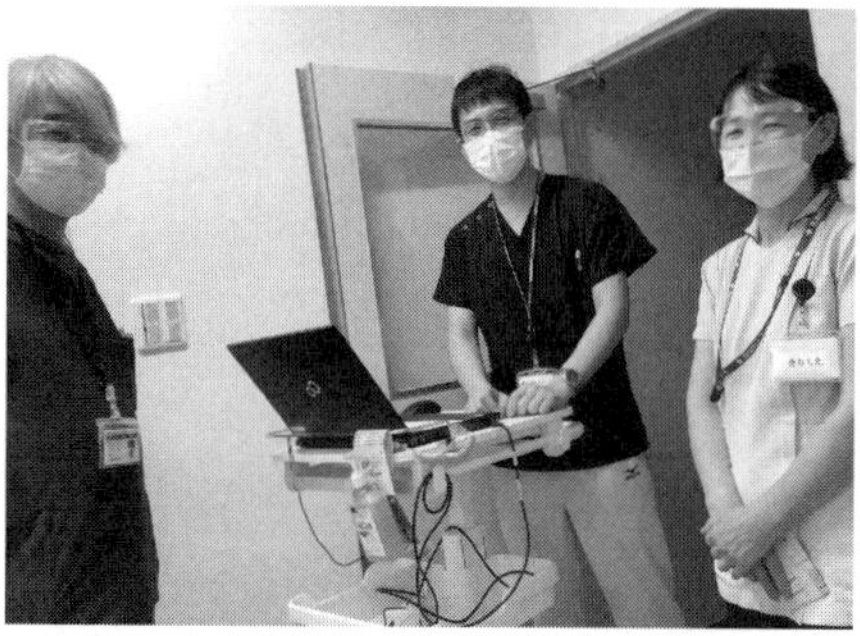

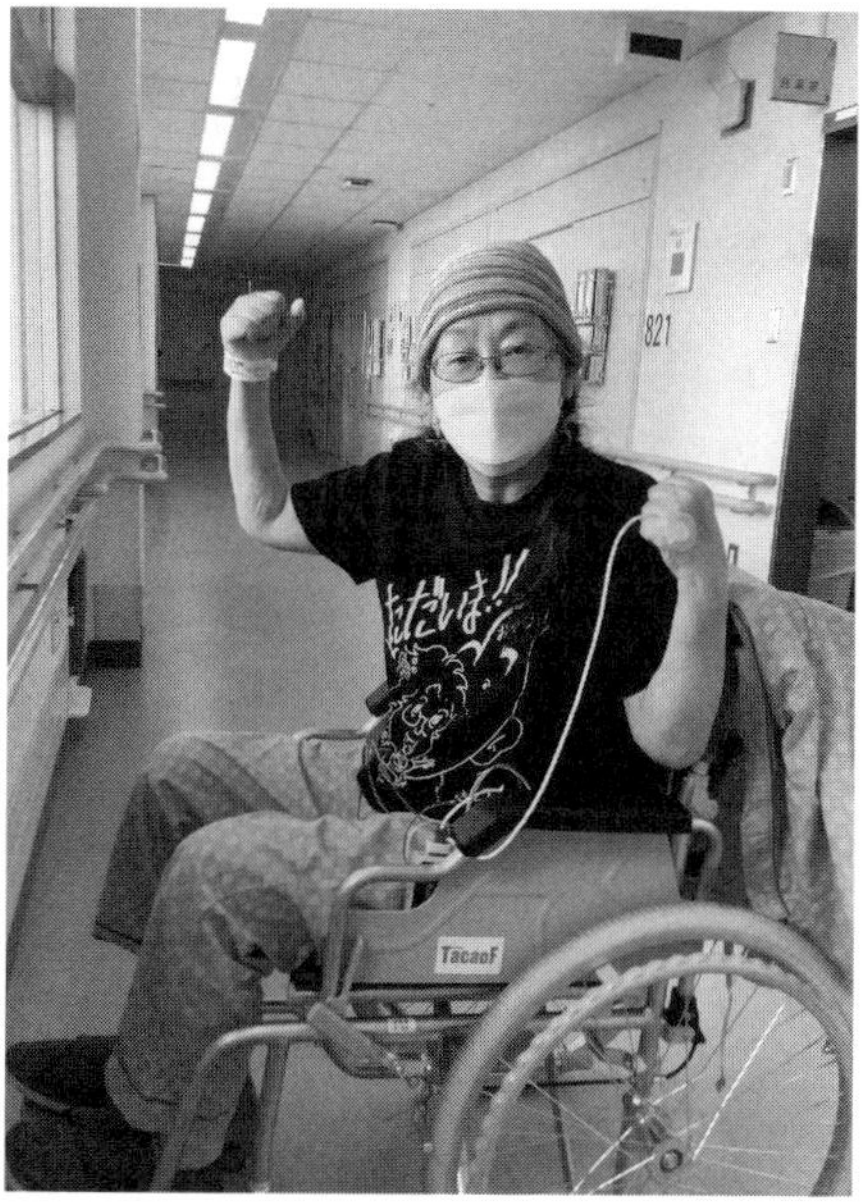

闘病には皆さんの力をお借りしています。だから私はいつも笑顔で。

の先生方に限らず、誰かに対して「嫌な人やなあ」と思ったことがないんです。そもそも好き嫌いがありません。だから、誰とでも打ち解けられるんでしょう。でも、これも昔からそうだったわけじゃありません。若い頃は、口も行儀も性格も悪かったですから。この世界に入っても師匠や先輩方に敬語が使えなくて、あの西川のりお・上方よしおさんも「のりやん、よっしゃん」なんて平気で呼んでいたくらいです。大助くんがいちいち「年上に対して、そんな言い方はあかん」と叱ってくれて、人間関係のルールを基本から教えてくれました。

それにしても私は、今いくよ・くるよ師匠、ザ・ぼんちさん、明石家さんまさん、笑福亭鶴瓶さん……たくさんの方に本当によくしてもらいました。これまで出会ったやさしい先輩方や仲間が、私を少しずつ変えてくれたんだと思います。

闘病生活は、お医者さん、看護師さん、リハビリの先生、作業療法士さん、薬剤師さん、病室を掃除してくださる方など、たくさんの方たちの総力戦です。私は、その神輿《みこし》に乗っているだけ。だから、できるだけいつも明るく笑顔で感謝を伝えるようにしています。

点滴は天敵だ！

そんな気持ちでいるせいか、入院中はいつも先生方や看護師さん、お掃除のスタッフの方などが入れ替わり立ち替わり病室に顔を出してくださって、短時間ですが楽しくおしゃべりしてゲラゲラ笑って過ごしました。研修医の先生方もどんどんやってくるなあと思っていたら、どうも天野先生や長谷川先生が「花子さんの話を聞きなさい」とおっしゃっていたみたいで。「花子さんみたいにおもしろおかしく患者さんの声を聞かせてくれる人はいないから貴重」なんだとか。

確かに患者のリアルな声を伝えるのは、とても大事だと思います。最初の入院のとき、こんなことがありました。ストレッチャーで浴室まで連れていってもらい、そのまま入浴させてもらうのですが、その日は若い女性研修医の方が「すみません、研修させてください」と。もちろん、どうぞどうぞです。断る理由はありません。その頃、私のお尻には治りかけの褥瘡があったのですが、それが目に入ったんでしょうね。その研修医の先生が「ひゃーっ！」と小さな悲鳴のような声を上げたんです。

これはあかんと思い、「今だけやで」と言いました。「今日は研修やろ？　今日だけやで。それを本番で言うたら、患者びっくりするから。びっくりして不安になるから。今のうちに私相手に失敗しといてな。今度からは絶対に声出したらあかんで」と。あの若い先生にとって、いい経験になっていたらいいなと思います。

それからも研修医の先生方とはたくさん話しました。「何でも聞いて」と言うと、最初は緊張していた表情がゆるんで、いろいろ尋ねてくださるんです。私の患者としての経験が役に立つなら、こんなにうれしいことはありません。講演会の予定もありましたが、コロナ禍で流れてしまいました。また機会があったら、医療関係の皆さんの前で、患者だから見えることや感じることをお話ししたいですね。私の使命のひとつだとも思っています。

いくら先生や看護師さんと仲がいいとはいえ、注文がないわけではありません。それは、採血や注射、点滴など針を刺してもらうとき。最初の頃、化学療法室で抗がん剤を点滴してくれるのは、いつもお医者さんでした。腕まくりして張りきってくださるのはいいんですけど、ここだけの話、看護師さんのほうが断然うまいんです。だから書類に「点滴は天敵だ！　ベテラン看護師さんでお願いします」と書いて受付に提出しました。点滴は天敵だ……言い得て妙だと思いませんか。今もそのままの文章が私のカルテに書いてあるはずです。先日も皮下注射をしてもらう機会があったんですが、「先生ちゃいますねん。向こうで看護師さんに打ってもらいますから」と言いました。すると、先生も「ああ、そうやった！」と（笑）。おかげさまで無事、上手な看護師さんにお願いできました。多発性骨髄腫に限らず、病気の検査や治療のためにたくさん注射や採血をしなければならない人は多いでしょう。少しでも痛い思いをしなくてすむよう、黙って耐えていないでベテラン看護師さんにお願いしてください。「点滴は天敵だ！」を合言葉にがんばりましょう！

イケメンパラダイスでぜいたくリハビリ

放射線治療も一段落し、棚上げされていた白内障の手術を受けることになりました。その前に、先生や看護師さん、リハビリの先生が集まって今後の治療方針やスケジュールを決めるカンファレンスがあったんですが、さゆみが「先生、目

看護師も
顔色いいですね
花ちゃーん
花子さんのまわりはイケメンがいっぱい!!
イケメンパラダイス
ふふふ♡
理学療法士も

の手術は夕方からでしょう?」と不意に質問するんですよ。何を言い出すのかと思ったら、「夕方から手術やったら朝2回、リハビリできますね。予定に入れてください」ですって。

そんなめちゃくちゃな。2泊3日の手術の前にリハビリを2回もしますか。厳しすぎません? リハビリの先生も「手術の前にリハビリする人は初めて」と驚いていました。いやあ、世の中に娘ほど恐ろしい存在はありません。でも、身内にスパルタ監督がいるおかげで、少しずつですが動けるようになってきました。リハビリの先生方も簡単には手を貸してくれないから、外で車椅子から自動車に移るときも「自分でできるところまでやってください」と静観の構え。まだまだ入院前の状態にはほど遠いものの、なんとか車椅子からお風呂の椅子に移ったり、車椅子から自動車に移ったりはできるようになってきています。

リハビリと言えば、その様子を写真に撮って見せると、みんなが口をそろえて「イケメンばっかりやん！」とびっくりするんです。今5人の先生にお世話になっていますが、私の目から見てもイケメンぞろい。リハビリは苦しいことも多いけれど、自分が「イケメンパラダイス」にいると思ったら、多少のことは耐えられます。それにしてもリハビリの先生に限らず、お医者さんや看護師さんにもイケメンが多いように感じるのは、私が日頃、大助くんばかり見ているからでしょうか。

先日の入院中もこんなことがありました。先生の診察のあと、イケメン看護師さんが病室に様子を見に来てくれたんです。

「花子さん、どんな感じですか」

「ちょっと熱が出たみたいです。のども痛いので、お薬いただけますか」

イケメン看護師さん、さわやかにほほえむと「わかりました」と言ってさっそうと去り、すぐに水とお薬を持ってきてくれました。

「はい、どうぞ」

「ありがとうございます」。しおらしくお礼を言って、受け取ったお水で薬をゴクゴク飲んだら、なんだかいつもよりおいしいような（笑）。ほっとひと息ついたところに、さっき診察してくれた先生がやってきました。そして、私の顔を見たとたん、「あれ？　花子さん、どうしたんですか？　びっくりするくらい顔色がよくなってますよ！」。もうおかしくて吹き出しそうになりました。先生が気づくほど顔色がよくなるなんて、イケメン効果、恐るべし！

きっとどの方も一生懸命やさしく接してくださるから、よりいっそうイケメンに見えるんでしょうね。毎日、目の保養ができて幸せなことです。

チョコに大砲。大爆笑のおしめ交換

大助くんが正真正銘の「なにわ介護男子」になったのは、この退院後からで

摘便
おおー クランチチョコみたいなのつまってんなー
クチクチ
※イメージです

す。原因がわからないまま、私の右足がまったく動かなくなりほぼ寝たきりとなったため、薬の管理やベッドから車椅子への移動、日中のおしめ交換、夜のバルーンカテーテルの挿入など、すべてをお願いしなければならなくなりました。便通も気にしてくれて、ちょくちょく摘便もしてくれます。そのときも、いろいろおもしろいことがあるんですよ。

私が「ちょっと出てるみたい」と言うと、すぐにお尻を確認してくれて、「顔も出してないで。また硬いのが詰まっててんちゃうか」と言いながら、手袋をはめた指で中をクチクチと探ってくれるんです。「あっ、やっぱり硬いの詰まってるわ。クランチチョコみたいなやつが」って。クランチチョコって、ちょっとかわいいでしょう。いつも笑ってしまいます。それにしても大助くん、やり方を教わったこともなんてないのに、看護師さんがやっているのを見ていたんでしょうか、摘便がとっても上手なんです。

褥瘡の治療もいつもほめられます。私、お尻に治りかけの褥瘡があるんですが、これもいつも薬を丁寧に塗って、テープを貼ってくれるんです。病院で見せるたびに「きれいに治療されていますねえ」と感心されるので、よっぽどきれいにしてくれているんだと思います。

こんなによくしてくれてる大助くんには、ぜひともお礼の気持ちを伝えなくてはいけません。そう思っておしめを替えてもらいながら、プッとさせていただきます。そしたら、「なんでやねん！　なんで俺、おしめ替えながらプーされなあかんねん」って。ははは、そりゃそうですね。大変失礼いたしました。車椅子に乗せてもらうときにも、私の背中を支えながら「行くで！　いち、にーのさん！」と抱え上げてくれるので、ここぞとばかり、また私がプーッ！

大助くん、「なんで今やねん。ああ、大砲や。大砲くらった」って手であおぎながら大騒ぎ。二人して爆笑しています。

私、もう介護施設に入るから

でもね、いつも楽しく笑っているわけではないんですよ。私たちもどこにでもいる普通の夫婦ですから、ちょっとしたことで二人の間がぎくしゃくすることもあるんです。

ある夜のことでした。私の尿道にバルーンカテーテルを挿入したら、大助くんの一日の介護は終わり。ようやくほっとひと息つける時間になるんです。でも、その日は私が続けざまに「白内障の目薬お願いしていい？」と言ったもんだから、うんざりしたんでしょうね。いつになくいらついた口調で「ちょっと待ってくれるか？　バルーンのあとに目薬さそうと思ったら、もう一回、手を洗ってきれいにせなあかんから」と不機嫌さを隠そうともしない口調で言うんです。今は自分で目薬をさせていますが、その頃は大助くんに一日3回さしてもらっていた

おしめ
かえるでー
プ
なんでやねん
ププ
はい
いくでー
1.2.3.
プー
…
大砲鳴ったでー
出るものはしゃーないな

んです。

ああ、大助くん、しんどいんやな。そら、そうや。大助くんだって腰が痛いのに、こんなに無理させて。悪かったと思うと同時に、いたたまれない気持ちになりました。

「私、もう介護施設に入るな」

もう少しで、この言葉が口から出そうになりました。94歳になった母も、ちょうど施設に入ったところでした。姉が「お母さん、介護施設に入ったよ」と連絡してくれたので、「うん、ありがとう。それでええよ」と答えていたんです。病気をするまでは私が母と同居していましたが、最近はずっと姉たちが大変な思いをしながら面倒を見てくれていましたから。母は施設に入るのが一番いい。じゃあ、私は？　私もそうしたほうがええんちゃうか？　そしたら大助くんにこれ以上負担をかけることもないし、私も大助くんの疲れた顔を見なくてすむ。みんながラクになる。今度ケアマネージャーさんが介護認定調査に来てくれたとき、施設を探してもらうようお願いしよう。じっと天井を見つめながら、この家から離れようとしている自分がせつなくて悲しくて、心は重く沈んでいきました。でも言葉にはせず、「ごめん」とだけ言ったんです。

20分ほどたった頃でしょうか。大助くんが「僕もなんかちょっと、しんどくてな。いらんことばっかり言うてしもて、悪かったな」と言うんです。私、何も言っていないんですよ。怒った顔も見せていません。ただ黙って横になっていただけです。それなのに「ほんまにごめん。僕もちょっとイライラしてて、つらい思いさせた。許してな」って。

大助くんに背中を向けて、ちょっとだけ泣きました。そしてものすごく反省したんです。私はなんてことを考えていたんだろうって。「介護施設に入る」なんてて言わなくて本当によかった。そんなことを言ったら、大助くんはどんなに悲しむだろう。こんなに一生懸命に尽くしてくれているのに、肝心の私が逃げてどうするんだ。自分から介護施設に入るなんて絶対に言っちゃいけない。この夜、私はまた少し強く、前向きになったと思います。

大助くんは、ずっとリビングで寝ているんです。私の介護用ベッドのすぐそばに布団を敷いて。「一人で大丈夫やから、2階のベッドで寝て」と何度言っても聞きません。2階には温かくて腰に負担のかからない、上質なベッドがあるのにね。最近は耳が遠くなってきたと嘆いているくせに、私がちょっと咳をしたり、何か音を立てたりすると、ガバッと起き上がって「何かあったんか」「どうした?」とベッドに駆け寄ってきます。大助くん、夜中に何度もトイレに起きるんですが、そのたびに「寒くないか」と布団を直してくれるのも習慣になっているみたい。私のことをわが子のように思っているのかもしれません。

血圧測定でもおしめ替えでも、どんなときもおもしろすぎる
大助くんに助けられている。

２０２３年は、なんばグランド花月に漫才で復帰するという夢がかなった半面、形質細胞腫で放射線治療を受け、原因不明のまま右足がまったく動かなくなるなど、試練も多い1年でした。でも、発病以来、最も仕事をした年でもあります。

病気と闘いながら、自分なりに全力を尽くした1年の締めくくりは、12月23日、私たちの地元、奈良県生駒市にある南コミュニティセンターせせらぎホールで開くイベント「大助・花子のクリスマス２０２３」でした。これは、２０１９年に地元の皆さんに楽しいクリスマスを届けようと大助くんと二人で企画したもの。ところが、私の病気やコロナ禍で中止になっていたんです。この日は、満員のお客さまを前に何組もの芸人さんと、漫才あり、歌謡ショーあり、トークコーナーありの盛りだくさんのステージを披露しました。ステージから見えるお客さまは、みんなニコニコとうれしそう。その笑顔と歓声に私もたくさんのエネルギーをもらいました。応援してくださる皆さんへの感謝を胸に、来年もがんばるぞ！と誓ったのです。

新年。精いっぱい笑いを届ける

明けて２０２４年元日。家でゆっくりしていたら、突然ぐらりと揺れました。時計を見ると、16時10分です。どこかで大きな地震があったのでは……という嫌な予感は的中し、石川県で最大震度7の速報。お正月気分は完全に吹き飛んでしまいました。時がたつにつれ、輪島市や珠洲市など広範囲で大きな被害が明らかになり、居ても立ってもいられない気持ちに。東日本大震災のときは、発生直後から何度も被災地を訪れ、おおふなと復興応援特別大使も務めてきた私たちです。２０１６年には、一人でも多くの人に防災の大切さを知ってほしいという願いから、日本各地で「防災シンポジウム」の自主開催も始めました。「もっと元気だったら、できることがたくさんあるのに……」。被害の映像を歯がゆい思いで見ていたのは、私だけではなかったはずです。その証拠に、大助くんも無言で食い入るようにテレビ画面を見つめていました。

さらに翌2日には、羽田空港で日航機と海上保安庁の飛行機が滑走路上で衝突したというニュースが飛び込んできました。日航機の乗客の皆さんは、キャビンアテンダントの方々の見事な誘導で全員無事でしたが、海保機では乗組員5人の方が亡くなってしまいました。能登半島地震の支援に向かう途中だったとか。新年早々、地震に飛行機事故という、あまりにも衝撃的でつらい出来事が続き、日本中が重苦しい雰囲気に沈んでいくのを感じました。私もこんなに胸が痛かったお正月は初めてのことです。

そんな中、3日のNHK恒例の新春番組「東西笑いの殿堂」は予定どおり生放送されることとなりました。お笑いなんて見る気になれない方も多いでしょうが、だからこそ、芸人である私たちはできることをするしかない。思わず吹き出してしまうような楽しい時間を届けて、つかの間でも悲しみや苦しみを忘れてもらおう。そのために全力を尽くそうと思いました。

なんばグランド花月に着くと、楽屋はたくさんの芸人さんで大賑わい。私も久しぶりの再会を喜び合いながら、本番に向けて調子を上げていきます。さっそく舞台袖にミキの昴生くんを見つけたので声をかけました。「なあ、聞いて。私、足動かへんかったんや。リハビリせなあかんやろ。そやから右足が昴生で、左足が亜生ということにしてな。『昴生ちゃん、がんばれ。亜生ちゃん、がんばれ』ってやってたんやで。リハビリの先生も『お兄ちゃんがんばれ、弟さんがんばれ』って言うてはったわ。あんたら、ようがんばってくれたな」と言ったら、すかさずあの声で「師匠、どうでもええけど、師匠が言うのはわかる。なんでリハビリの先生が言うねん！」と全力で返してきました（笑）。その日、亜生くんも一緒に3人で撮った写真をSNSに上げてくれて、ネットニュースにもなったみたいです。

ぶっつけ本番。鳴りやまない拍手

続く19日は、京都・宇治でNHKラジオ「上方演芸会」の公開収録でした。披露する漫才は、作家の先生が書いてくださった「お年寄りバンザイ！」。その日が近づくにつれて大助くんは「稽古しようか」と気にして声をかけてくれましたが、「ごめん、ちょっとしんどい。頭の中で台本をおさらいするから」と言って、ベッドで編み物をしながら一人でネタを繰ることにしました。もともと編み物が得意で衣装も自作していましたが、この頃は、手のリハビリを兼ねて「しあわせつかむ手『ハッピーハンド』」と名づけた小さなミトンを編んで、いろいろな方々にプレゼントするようにしていました。そうやって、いつもどおり手を動かしながら台本を何度も繰り、漫才を組み立てていこうと思ったのです。

芸に厳しく、自分が納得できるまで稽古したい大助くんは、きっとすごく不安だったでしょう。でも「わかった」とだけ言って買い物に出かけていきました。あとで聞いたら、「声が素人にならへんように、車の中でカラオケをかけて大声で何曲も歌って発声練習してきた」んだとか。こんな感じで二人それぞれ自分のペースでできることをしながら本番に備えたのです。当日、現地に向かう車中でも、楽屋でも舞台袖でも読み合わせは一切なし。完全なぶっつけ本番で臨みました。

舞台に出て驚きました。「お待たせ!」と言っただけで拍手が鳴りやまないのです。何の稽古もしていませんから、ギャグをいくつか飛ばしたりもしましたが、お客さまはまったく気にならなかったようで、心から笑ってくださいました。人づてに聞いたことですが、その日出演していたアキナの山名くんがSNSに「宮川大助花子師匠の漫才　ほぼネタ合わせなく　本番やってらしたとのことめっちゃ凄かった　とんでもなかった　みんな、袖で張り付いて観てた」と書いてくれていたそうです。若手の芸人さんにそんなふうに感じてもらえるのはうれしいですね。確かに袖に入るや否や、「ネタ合わせもせずに、どうやって笑いをとるんですか？」と何人かに尋ねられました。教えてあげたいけど、こればっかりは一朝一夕にできることではありません（笑）。

2月に入ると成田山大阪別院の豆まき式を皮切りに、17日は岡山で日本テレビ「笑点」の収録、24日は鳥取・米子でフレイル（健康と要介護状態の中間にある「虚弱」）予防の講演会、さらに26日は東京でＮＨＫ「演芸図鑑」の収録と立て続けに仕事をこなしました。家のベッドで寝るのが一番ラクなんで、すべて日帰りです。岡山と鳥取はタクシーで、東京は6年ぶりに新幹線で往復。連日の長距離移動で疲れはしましたが、楽しい時間をいただけて心は晴れやかでした。

そういえば26日のＮＨＫ「演芸図鑑」のリハーサルでこんなことがありました。マネージャーが「板付きでお願いします」と伝えてきたのです。スタッフの皆さんが私たちに気を遣ってくださったのでしょう。「板付き」とは、幕が上がったとき、すでに演者が舞台上にいることを意味する舞台用語です。車椅子で登場する姿を見せないための演出だとわかりました。

でも、大助くんは、マネージャーに「いや、舞台袖から車椅子で登場させてくださいと伝えて」と言ったのです。「僕ら、出囃子が鳴ったら出ていくのが習慣やから。車椅子で舞台に出ることは、漫才師の僕らにとって、もうギャグのひとつやねん。『こんな状態なんです。すんませんなあ。嫁はんは車椅子ですし、僕も座ってしゃべらせてもらいまーす』みたいな顔で出ていって、そのリズムでしゃべり出すほうがやりやすい。袖からセンターマイクまで、わずか何秒かもしれん。でも、そのわずかな時間も宮川大助・花子の漫才の一部であり、大事な二人の間《ま》なんや。テレビの放映では、登場部分はカットしてもらってかまへんから。そこはもう、好きにしてもらってええと伝えてくれ」と。

その言葉を聞いて、ああ、大助くんも車椅子で漫才をすることを完全に受け入れたんだと感無量でした。昨年5月、なんばグランド花月地下のYES THEATERで漫才をしたときは、その後の会見で「二人とも座った状態で漫才をしましたが、違和感はありませんでしたか」と周囲に尋ねるくらい気にしていたからです。記者の男性が「あれだけしゃべったら、誰も違和感ありませんよ!」と即答していましたが、今にして思えば、あの方の言葉は当たっていたわけです。私たち二人も座って漫才をするうちに、いつの間にか「これでいいんだ。これが、二人がたどり着いた新しい漫才のスタイルなんだ」と心から思えるようになっていたのです。

じつは漫才中、少しだけ息切れしてしまったんです。急に血圧が下がるとこうなるみたいなんですが、大助くんがすぐに変化に気づいて臨機応変にネタの振り方を変えてくれたので無事に終えることができました。大助くん、いつも私の横でアウアウ言うてるだけのように見えて、ちゃんと仕事してるんですよ。舞台では、ほんまに頼りになるんです。その後、二人で「いい勉強になったな」と話し合いました。7～8分のネタだったら、だいたい3分くらいで息切れすることがあるので、今後はエネルギーの上手な配分を考えて息切れしないように、それこそ息長くお客さまに楽しんでもらえる漫才を続けていきたいと思います。

3月上旬の少し暖かくなった日、大助くんは、色とりどりの花の苗を買ってきて、植木鉢に植えてくれました。大きな窓に面したベッドに寝ている私に少しでも美しい景色を見せようと、いつも四季折々の花を植えてくれるんです。例年より少し遅かったけれど、庭の桜も見事に咲きました。リハビリの先生と一緒に車椅子で庭に出て、咲き始めた花を眺めたり、親戚や仲間とちょっとしたお花見パーティを開いたりと存分に春を楽しみました。木々が一斉に芽吹くのを見ると、心や体にエネルギーが満ちてくるようで、いいものですね。

白血球数が減って抗がん剤治療ができず、不安になることもありましたが、PET検査はおかげさまで異常なし。ほっと胸をなで下ろしました。イケメン先生方とリハビリをがんばっているおかげで、少しずつ足も動くようになってきています。

「座・MANZAI」に勇気と元気をのせて

4月23日、朝。私は、はやる心を抑えながら満を持してXに投稿しました。

自由に外出できない私のために、庭を花でいっぱいにしてくれている。

「お知らせ‼　本日NGK出番です　2ステ…11時25分　14時55分　久しぶりのステージ　頑張っていきましょう！」

この日、私たちは、2019年5月以来5年ぶりとなる、なんばグランド花月の本公演に出演することが決まっていたのです。でも、2回の出番をこなすのは、大きな挑戦であり冒険。急きょキャンセルなんてことだけはしたくなかったので、会社にもギリギリまで秘密にしてもらえるように頼んでいました。私のXの投稿が、本邦初・情報公開だったのです。これまでの経験から途中で血圧が下がってしまい息切れすることがわかっていたので、入念に準備を整えました。リハビリの先生と看護師さんに相談し、朝と昼の出番の間は血圧をこまめに測り、足を上げた姿勢をとって下がりすぎた血圧を戻すなど万全の対策を考えて臨むことにしたんです。

劇場からは、暗転中にセンターマイクまで移動し、板付きでスタートすることを提案されましたが、今回は私が「車椅子で出て、車椅子で帰らせてください」とお願いしました。ありのままの自分を見せる。そこにもう、何の迷いもありません。

舞台脇のめくりに「宮川大助・花子」の文字が出ると、客席からは驚きのどよめきが上がりました。

大助くんに車椅子を押されながら、ゆっくりとセンターマイクへ。

「座ったままで、すみませーん。こちら大谷翔平です」

大助くんも腰かけて、

「これがほんまの『座・MANZAI』ということで」

大きな笑いが起こります。そこからは、いつもの大助・花子のペース。お客さまの肩が大きく揺れ、どの顔もうれしそうに笑ってくださっているのが見えます。

ああ、うれしい。ああ、楽しい。私はなんて幸せ者なんだろう。お客さん一人ひとりへの感謝が胸の中に広がっていきます。

漫才は約10分。「二人でまたがんばっていきたいと思いまーす」。大きな拍手の中、手を振りながら舞台を下りました。若手芸人さんの中には、私のXでの投稿を見て慌てて駆けつけてくれた人が何人もいたそうです。大助くんは「Xって何?」って聞いてましたけど（笑）。今回、なんばグランド花月の定席で漫才をするという大きな目標を達成することができ、またひとつ自信になりました。

思えば、この6年間はつらいことが多かったけれど、漫才ができる幸せをかみ締めた、かけがえのない日々でもありました。大助くんは「これからは、ゆっくり座談会のように、放談のようにしゃべっていくニュー漫才を作ろうや。『座・MANZAI』。それこそ、後期高齢者の漫才や」と熱く語っています。さすが大谷翔平。いくつになっても漫才でホームランを打つことしか考えていないようです（笑）。私は、今回の舞台を終えて、「自分の足でセンターマイクまで歩く」という目標に再び挑戦しようと決めました。ゴールは遠いけれど、今日からまたリハビリに励みます。

一人でも多くのお客さまに笑いを届けたい。

私と同じように病気や障がいを抱える人たちに勇気と元気を与えたい。

そのために、しなやかに、しぶとく、たくましく多発性骨髄腫と闘っていきます。

第3章

なにわ介護男子の胸のうち

〜大助と花子のぶっちゃけトーク〜

漫才のことなんて考えへんかった

花子　今日は、大助くんに聞きたいことがあって。

大助　まこちゃんから僕に？　ええよ。何でも聞いて。

花子　これまでちゃんと聞いたことなかったけど、5年半前、私が多発性骨髄腫ってわかったとき、どう思った？「もう、あかん」って思った？「漫才、できへん。困ったな」とか。

大助　漫才がどうのこうのなんて、そんなこと考える余裕はまったくなかった。あなたが死んだらどうしようと、そればっかりやったな。特に2019年、抗がん剤治療をせずに症状がどんどん悪くなって、余命1週間って言われたとき。この山の上の家に帰ってきたら、真っ暗で誰もいない。自分でドア開けて明かりつけて部屋の中を見渡して、「俺、ずっとこの家にポツンと一人でおんの？」って思ったら、ぞっとしたよ。その寂しさがものすごくあったから、今、嫁はんのあなたがベッドに寝ててくれて、文句たれてくれてるだけでも声が聞けて、ほっとしてる。呼んでくれたら「はいはい、おしめの交換ね」って、すぐにそばに行けるし。そういうことはまったく苦にならへんけど、あなたがおらんようになるのは寂しい。耐えられへんと思うな。どんな形であれ、元気でいてほしい。

花子　私、いつも大きな顔してるけど……あっ、この場合の「大きな顔」は大助くんの大きな顔とは違う意味の大きな顔な（笑）。

大助　わかってるわ（笑）。はよ、先、言うて。

花子　大きな顔してるけど、大助くんにはものすごく申し訳ないと思ってる。だって大助くん、子どもの頃はめちゃめちゃ貧乏で苦労したやん。芸人になってからも漫才でがんばってがんばって、２００７年には脳内出血で倒れて緊急入院して。ようやくラクな暮らしができるようになったと思ったら、今度は嫁の介護。それを考えると、なんかほんまに申し訳なくて。

大助　そんなことは、みじんも考えたことない。ただ、僕、２０１７年に脊柱管狭窄症の手術をして、椎間板ヘルニアにもなってるから腰が痛いでしょ。脛《すね》から下はいつもしびれてるし、痛みもあるから満足に動かれへん。まこちゃんをしっかり抱え上げることもできないといういら立ちは常にあるよ。それはあるけど、あなたが僕に申し訳ないと思う必要はまったくない。むしろ、病気は僕が全部もらったらよかったのにって思ってるくらいやから。ほら、僕が休んでも、あなたの仕事は何のさしつかえもないしね。「漫才でも何でも花ちゃん一人で十分！

花ちゃん、お願いします！」って、みんなが口々に言うから。

花子　大助くんが「嫁がひっくり返ったら、僕一人で行きます！」って言ってんのに、「やめてください。お客さまが迷惑です。代役を立てましょう」と（笑）。

大助　それ、ネタやなくてマジやからね。つらいわあ（笑）。あなたが病気になると、パタッと仕事がなくなります。

好きで好きで一緒になったから

花子　大助くんは、「嫁さんの介護ばっかりして大変やな」って言われるのは嫌じゃないの？　旦那さんを介護してる奥さんは多いけど、その逆は少ないやん。

私は、大助くんが腰をかがめておしめ替えたりしてると、みじめに見えるんちゃうかって、どうしても気になってしまうけど。

大助　確かに世間では、旦那さんが奥さんを介護してたら、「うわー、すごいな、えらいな」ってほめられることが多いみたいやけど、本人はもう全然そういうふうには考えてない。だって自分の大事な嫁はんやから。好きで好きで一緒になった女が倒れたから、面倒見てるだけやと思ってるから。

１９８８年にあなたが胃がんを患ったとき、「もっと健康な人と漫才したらどう？　離婚してもええよ」って離婚届に判を押して僕に差し出したよね。覚えてる？「僕はそんな気はない」ときっぱり突き返したけど、あの日、自宅1階の稽古場で「俺は何をしてきたんや。漫才のことしか考えず、嫁はんを24時間、追い詰めて、追い詰めて。気づいたときには、重病になってしもてる！」って壁に何回も何回も頭を打ちつけた。あのときの後悔が忘れられへん。１９７５年７月に出会って、4カ月後にプロポーズして小さな結婚式を挙げて、「生涯、わが妻として大事にします」って誓ったのに。親からも遺言で「夫婦仲よくしなさい。漫才が原因で離婚するようなことになったら、漫才をやめなさい」と言われていたのに、と。

僕が漫才漬けやったから、家に帰っても「宮川大助・花子」のまんまで、寝ても覚めても漫才、漫才。普通の夫婦の時間なんてないも同然やった。あなたは、たまらんかったと思う。今、ようやく二人で一緒に家にいて松下美智代と松下孝美になれたんちゃうかな。僕は、第二の恋愛期間中のつもりでおるよ。

花子　松下美智代と松下孝美といえば、大助くん、プロポーズのとき、吉田拓郎さんの「となりの町のお嬢さん」のレコードに「好きです、みっちゃん、孝美、1975年10月30日」って書いてプレゼントしてくれたたね。私の芸名が真琴やったから、当時も今と同じく「まこちゃん」って呼んでたのに、このときは「みっちゃん」って本名で書いてくれてた。あのレコードは、大切な宝物。今も大事に持ってるよ。懐かしいわあ。

大助　そうやったなあ。まこちゃんが「私のことが好きなんやな、好きやろ。結婚してあげてもええで」って言うから、「待ってくれ。プロポーズは男からするもんや」と慌ててさえぎって（笑）。営業先でのあき時間に「ちょっと歩こうか」と誘って、柿の実のなる坂道を一緒に歩きながらプロポーズしました。

花子　そのときプレゼントしてくれたのが、吉田拓郎さんの「となりの町のお嬢さん」。ところで大助くん、あの歌、最後まで聴いたことある？

大助　そりゃ、聴いたことある……はず。な、なんで今頃、そんなこと聞くの？

花子　あの歌、「となりの町のお嬢さんが僕の故郷へやってきた　都会の香りふりまいて　夢を見させてくれたんだ　好きになっちまったんだよ」で始まって……。

大助　そうそう！　あの頃のまこちゃんそのものや。田舎者の僕は、都会的なまこちゃんを、ひと目見て好きになった。プロポーズにぴったりの歌やな。

花子　その先が問題やねん。「となりの町のお嬢さんは　僕を残して行っちゃった……お嫁に行ってしまったんだね……となりの町のお嬢さんは今年の夏の忘れ物」。となりの町のお嬢さん、都会に出て、別の男の人と結婚してますけど！(笑)。そんな歌、プロポーズのときにプレゼントしてええの？　やっぱり大助くんはおもしろいなあ。ずっとおもしろい。

大助　ええ、そうやった？　それは失礼しました（笑）。それにしても、あの頃のまこちゃんは、ほんまにおしゃれでかわいかった。江利チエミさん演じるサザエさんの大ファンやった僕は、目の前に理想の女性が現れたと思ってドキドキしたもんや。ショートカットにキャップかぶって、だてめがねかけて。最新流行のパンタロンのジーパンはいて。ボーイッシュで明るくて、キラキラ輝いてた。

結婚してからも娘のさゆみを抱いて心斎橋を歩いてたら、みんながあなたを振り返って、サーッと道が二つに分かれたもんな。これぞニューファミリーって感じのファッションと雰囲気でとにかく目立ってた。お世辞でも何でもなく、あなたは売れる前から華があったよ。

花子　ありがとう。めちゃめちゃほめてくれてるところ悪いけど、私は大助くんのこと「ものすごい田舎もんやなあ。おもしろいなあ」って思って見てました（笑）。結婚前、二人でピザを食べに行ったら、「このＵＦＯみたいな食べ物、何

花子ファッション
花ちゃんは華があったでー
ポリス時代も
オーバーオール
心斎橋通り歩くとみんなが道開けたもんや
ミニスカート

や！」って、こっちがびっくりするほど大きな声で驚くし、友だちとすき焼きを食べに行ったら、「これ、何の肉や？　鶏肉と違うやないか！」ってお店の人にクレーム言うくらいの勢いやったって聞いたし（笑）。ほんまに何から何まで田舎もんでおもしろかった。田舎から出てきて、結婚して、漫才で売れて、大きな家建てて、ほんまにようがんばったと思う。あの田舎もんがタキシード着て紫綬褒章までいただいたんやから。すごいサクセスストーリーやなあ。ほんまに立派。あんなに田舎もんやったのに。

大助　あのな、田舎もん、田舎もんって、何回も言いなさんな（笑）。

花子　田舎で思い出したけど、ちょっと言いたいことあんねん。

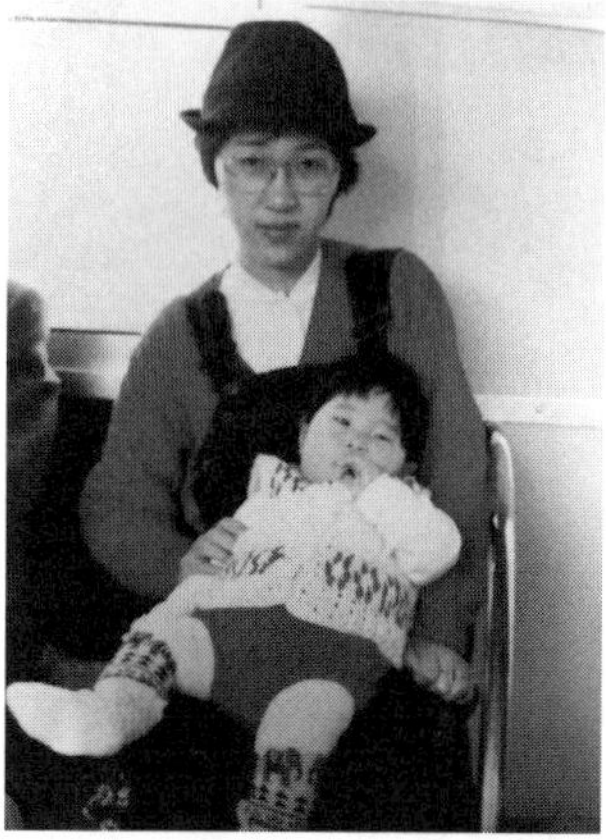

懐かしい夫婦・家族の
プライベートショット。
交際中、さゆみ誕生、3
人でさゆみのお誕生会。

摘便は、盗んで食べた渋柿仕込み!?

大助　えっ？　何？

花子　おしめ替えてくれるときに、「俺、こんなん平気やねん。昔、田舎で畑の肥やしをかついでたから」って言うのやめてくれへんかな。肥やしとは、量が全然ちゃうやろ。

大助　ははは。でも、ほんまのことやねん。僕が介護男子を平気でやれるのは、生まれた家がとにかく貧しくて、母ちゃんと二人で肥たご《こえ》（ふん尿の入った桶）を担いで運ぶような暮らしをしてたから。そういえば、姉や弟が担いでるのは一回も見たことないなあ。いつも、僕とおふくろで担いでた。

まあ、とにかく貧乏やったから、おなかがすいてねえ。秋になると、よその柿を盗んで食べるのを楽しみにしてたわけ。本当は甘柿を盗《と》りたいけど、その家のじいさんの目が光っているから、ねらうのはもっぱら渋柿。日が暮れ始めると腰かごを下げて、こそーっと家を抜け出して柿を盗んで帰ってくる。でも、すぐには食べない。家の前の藁《わら》の中に1週間くらい隠しておけば、渋みがいい具合に抜けて甘く柔らかい柿になるから。それをひたすら楽しみに待つわけやけど、そろそろええかなあと思って探しても、どこにもないことがあって。「ちくしょう！母ちゃんに食べられた！」。貧乏暮らしは、油断もすきもない。こうなったら、1週間なんて悠長に待ってるわけにはいかん。なんとしても先に食べなあかんと思って、ちょっと渋みがあってもかまうもんかとガバガバ食べる。ガバガバ食べると、てきめん、ふん詰まりになってね。

外の便所に座って「おかあちゃーん」と呼ぶと、おふくろがやってきて「またふん詰まりか。おまえ、どこの柿を盗んで食べたんや」って。自分もこっそり食べてるくせに知らんふりしてブツブツ言いながら、指をペロッとなめてお尻の中に入れてグルッと回してくれる。そしたら、詰まってたのが出てくる。これを僕は何百回もやってもらってるからね。

花子　それで摘便がうまい、と。

大助　そうそう。慣れてるから。

花子　ほんまかいな（笑）。

大助　正直、僕も最初は「嫁はんのおしめを替えるんかあ」と思ったよ。あなたのうんこをじっと見つめて「これが夫婦というものだろうか」と哲学的思索にふけったこともあった（笑）。でも、今はむしろ便が出たら、ほっとするね。健康のバロメーターやし。よし、今日も元気やと安心できるからね。

介護で一番気をつけていること

花子　去年9月、形質細胞腫が右の頭の骨に見つかって放射線治療をしたら、なぜか右足が動かんようになってしまって。それまではトイレにも一人で行けてたのに。「なにわ介護男子」が本格的にデビューしたのは、あのときからやね。

大助　うん、そうやった。でも、僕が一人で全部抱え込んでるわけじゃないからね。今は、週3回、月水金に訪問看護師さんと理学療法士さんが来てくれてるでしょ。その方たちと協力しながらリズムを合わせて介護してる。実際には、看護師さんとリハビリの先生が7割で、僕がやっているのは3割くらいじゃないかな。ほんまにプロはすごいと思う。

看護師さんは、薬の飲み間違いがないように曜日別に整理できる壁かけポケットを手作りしてくださったし。「ちょっと今日は胸がむかむかするみたいです」って相談したら、処方されている薬をサッと見て、「この薬にはこういう副作用があるので、ここに気をつけてください」って教えてくださる。もう、それだけで安心できるもんね。

理学療法士さんもすごい。まこちゃんが「背中が痛い」って言うとき、僕が押してあげても「痛い、痛い。やめて」って嫌がるのに、先生が力も入れずにサッともんだだけで、「筋肉がほぐれてラクになったわあ」って気持ちよさそうにしてるもんね。

花子　お風呂も看護師さんが入れてくださるから、大助くんに落とされる危険もなくなったしね（笑）。

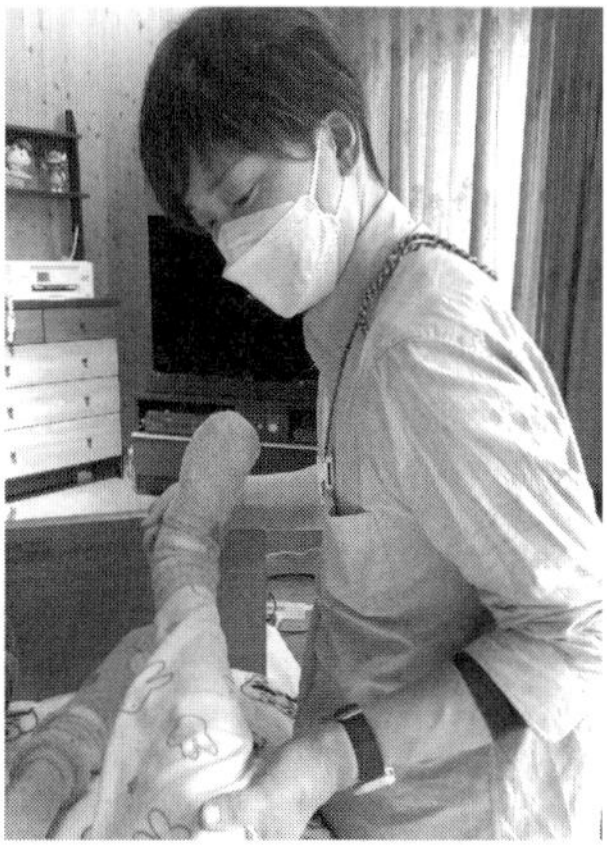

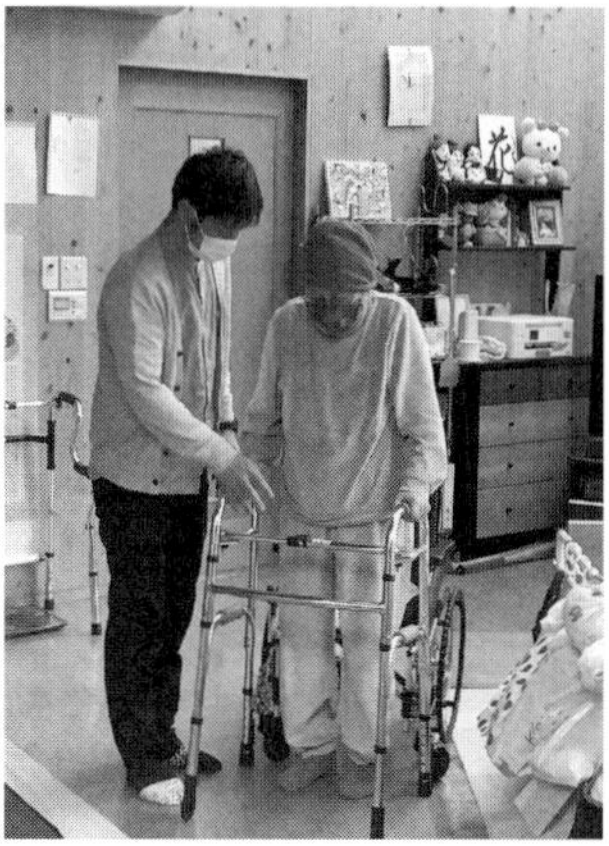

自宅で週3回、イケメンのリハビリスタッフさんと一緒にリハビリに励んでいる。

大助　いやあ、お風呂であなたを2回、落としたからね、石けんつけてると滑って、滑って。僕からあなたに注文するとすれば、おしめ交換は、遠慮せずにすぐに言ってくださいってことくらいかな。

花子　最初の頃は、介護される側もおしめ交換に慣れてないから、頼むのが申し訳ないし、つらいねん。つい遠慮してがまんしてたら感染症になって、お尻が真っ白になってしまったこともあったよね。先生に「多発性骨髄腫は感染症が一番怖いんですよ」って言われて、それ以来、できるだけすぐに交換してもらうようにしてます。最近は、手で体を支えて立っている間に車椅子とポータブルトイレを入れ替えてもらえば、座って用を足すこともできるようになったし。

大助　うん、それでずいぶんラクになったね。便が柔らかいと、どうしても前に回ってきて女性器に入ってしまいそうでしょ。あなたの介護をするまでまったく知らんかったけど、女の人は、排便時の細菌が膣に入って膀胱炎になることが多いらしい。もし、そんなことになったら、今でも大量の薬を飲んでいるのに、さらに薬が増えてしまう。それは避けたいから、僕が一番気をつけているのは、女性器とお尻をとにかく清潔にしておくこと。下痢のときなんかは、柔らかいティッシュペーパーで便をとったら、何度も何度も水をかけて、最後はウエットティッシュで肌を傷つけないように丁寧に拭いていく。本当は、そのあとお風呂できれいにしてあげたいけど、それは週3回来てくださる看護師さんにお任せすることにして。看護師さんにも「感染症にだけはくれぐれも気をつけてください」と言われているからね。バルーンカテーテルも菌が入らんように清潔第一。ただ、バルーンのチューブは、きれいに水洗いして乾燥させるだけ。消毒薬が残っていると尿道に入ったとき、逆にえらいことになるらしい。これも看護師さんに教わりました。

花子　それにしても、まさか大助くんがこんなに上手にバルーンを入れてくれるとは。

大助　僕も老眼鏡かけて、嫁はんの尿道までしっかり見ることになるとは思いもしなかった（笑）。

花子　バルーンや摘便だけじゃなくて、褥瘡の治療も「とても丁寧です」って先生や看護師さんにほめられるし。白内障の目薬をさしてもらってたときも、たまたまそこにいた人たちに「すごい上手！」ってびっくりされたよね。

大助　スッとさすだけで、目薬が一滴もこぼれへん、と（笑）。あれは、僕の技術だけじゃなくて二人のチームプレーやな。

舞台は、花子を咲かせる春風

大助　まこちゃんは、いつも前向きに病気と闘っていてすごくえらいと思うけど、たまにネットで調べて「同じ病気の人が、こないして亡くなってはる」とか「ＳＮＳでこんなことを言うてる。悲しい」とか言うやん。あれは、つらくなるからやめてほしい。

花子　いつやったか、大助くんに「マイナス思考はやめよう」と言われてから、後ろ向きのことは言わんようにしてるよ。最近はほとんど言ってないと思う。

大助　うん。ありがとう。それは、感じてる。僕が、病気のことは先生に聞けばいいと思ってまったく調べない人やから、よけいに思うのかもしれんな。介護だけして、あなたの横にいればいいと思っているからね。

花子　うん。それで十分。ほんまにありがとう。

大助　がんとの闘いはきれいごとじゃないし、本人にしかわからない大変な苦しさがあるはず。だから、病人が多少わがままになったり弱音を吐いたりするのは、仕方のないことやと思う。そして介護する側も一生懸命やっているつもりでも、いつの間にか横着になってしまうのもありがちなこと。二人とも聖人じゃないからね。人間なんてそんなもんとお互いを許しながら、仲よくやっていきましょうか。

花子　そうしましょう、そうしましょう（笑）。こうして庭を見ると、大助くんが植えてくれた花が色とりどりに咲いてきれいやわあ。

大助　うちは山の上の家で、大きな窓から広い空と庭が見えるからね。あなたは一日じゅう窓から外を見てるでしょ。だから、きれいなものを見せてあげたいねん。庭仕事をするたびに驚くのは、枯れ木に見えるときにすでに新芽が育っていること。春風という開花の合図を待ってるんやな。僕たちは今、枯れ木の状態かもしれん。でも、芸人にとって舞台は春風。特にあなたは、舞台という春風が吹くと、ぱーーっと花が咲く。体は弱ってても、記憶力と口はまったく衰えてないからね（笑）。舞台の上で「宮川花子」という大輪の花が咲く。

花子　あれだけ「漫才やめたい、やめたい」と言ってた私が、この病気になってから一度も言ってないもんね。4月23日になんばグランド花月の本公演で2ステージ出演したとき、「もう一回、自分の足で歩いてセンターマイクまで行ってみせる」と改めて誓ったくらい。舞台から、挑戦するエネルギーをたくさんもらってます。

大助　ありがたいことやね。芸人は、お客さまからエネルギーを奪われるときと与えられるときがある。自分に体力がなくてフラフラのときは、「笑わしてちょうだい」という視線に必死で応えようとしてエネルギーを奪われる。ところが今は、「花ちゃーん！」「一日も早く帰ってこいよー」と皆さんが全力で応援してくださるから、エネルギーをどんどん与えてもらえる。まるで献血してもらってているみたいに。あなたは舞台に立つたびに元気になってるもんね。

花子　ほんまにそう。紫綬褒章をいただくと決まった記者会見の席で、私がこう言ったの覚えてる？「いつか、夫に本当に言わなあかんなと思っていた言葉を、この場を借りて言わせていただこうと思います。漫才に誘っていただいて、本当にありがとうございました」。大助くん、大勢の記者さんを前に号泣したよね。その思いは、この病気になってから、ますます強まってきてる。そやから、もう一回、言わしてもらっていい？　大助くん、漫才に誘ってくれて、ほんまにありがとう。

大助　また号泣してまう。

花子　泣いたらあかん！

大助　自分で言うといて、それはないわ（笑）。

花子　私、ほんまに漫才してきてよかった。だからこそ、お客さまに与えてもらったエネルギーを漫才で返したいと思ってます。この前、お手紙もいただいたやん。同じ封筒で2通。かわいらしい花柄やった。そしたら、お母さんと娘さんで。

大助　おじいちゃんが多発性骨髄腫の方ね。「元気で明るい花子さんから勇気をもらった。私たちもがんばっていこうと思う」と書いてくださってたね。その後、劇場の外で待ってて車を追いかけてこられた。僕も「手紙読ませてもらいました。ありがとう。こっちこそ元気をいただきました」とお礼が言えてよかった。

花子　うん。一人でも二人でも多くの人に、私の姿を通して元気や勇気を与えられたら、ほんまにうれしい。

年をとる美学があるんじゃないか

大助　僕たちの漫才は今、ほとんど練習なしのぶっつけ本番やけど、あなたがすごいのは、舞台袖で若手の芸人たちさんと普通におしゃべりを楽しみながら舞台に向けて声をつくり、トーンを上げて、最終的に仕上げて堂々と出ていけるところ。４月のなんばグランド花月の２ステージでもそうやったなあ。僕は、若手の漫才を見ながら不安でたまらんかったけどね（笑）。

花子　その日の会見で大助くん、「僕たちは、座談会や放談みたいにゆったりしゃべれる『座・ＭＡＮＺＡＩ』をやりたい」って言ってたけど、どんな思いを込めてるの？

大助　文字どおり「椅子に座ってやる漫才」という意味やけど、そこに込めている意味かあ。そうやなあ。あなたが車椅子に乗って、僕がそれを押して…というスタイルでいいじゃないか。そんな生き方を受け入れていこうよ、という意味も込めてる。誰だって老いていくんやし、これからますます高齢化社会になっていくでしょ。僕たちの肩肘張らない自然な姿から、幸せな夫婦のあり方や幸せな後期高齢者の生き方なんかが見えてきたらいいなあと思う。あなたといつも「年をとる美学というものがあるんじゃないかな」って話し合ってるやん。僕たちの漫才を通して「年をとる美学」を見せられたらいいなあ、と。

花子　ちょっとカッコよすぎるけどね（笑）。でも、そのとおりやと思う。私たちの人生をまるごと見せられたらいいな。それを笑いに変えて。

大助　うん。僕たちの漫才は、しめ縄にたとえるなら出雲大社のしめ縄級にデカいからね。夫婦としてのしめ縄も、ますます大きくなってるよ。

花子　「なにわ介護男子」のおかげです。

大助　このままいったら、宮川大助の没後、日本中の路地という路地に「大助如来」が建てられて、介護の仏様として祭られるんちゃう?

花子　そのときは、いの一番に拝ませていただきます。

大助　なんぼほど長生きするつもりやねん（笑）。

第4章

主治医・天野先生に聞く

～多発性骨髄腫のキホンと花子さんの本当の姿～

多発性骨髄腫Q&A

天野逸人先生

奈良県立医科大学附属病院を経て、現・南和広域医療企業団吉野病院院長。
専門は血液腫瘍学。

Q1 多発性骨髄腫ってどんな病気ですか？

A 血液のがんのひとつです。血液細胞のひとつである「形質細胞」が、がん化して異常細胞（骨髄腫細胞）になることで起こるもの。「形質細胞」と言ってもピンとこないかもしれませんが、じつは、とても重要な役割を担っています。それは、体内に入ってきた病原菌やウイルスなどの異物と闘う「抗体」をつくることです。ところが、これががん化すると異物を攻撃する能力のない抗体（M蛋白）をつくり続けてしまう。多発性骨髄腫とは、体のあちこちの骨髄で異常な形質細胞（骨髄腫細胞）と、役に立たない抗体（M蛋白）が増え続け、全身でいろいろな悪さをする病気です。

Q2 どんな人がかかりますか？

A おおよそ毎年10万人に5人程度が発症するといわれています。がん全体に占める割合は1%程度で、発症頻度はそれほど高くありません。若い人ではまれですが、年齢とともに発症数が増えるため、高齢化とともに患者さんは増加すると思われます。発症年齢の中央値は60代後半です。

Q3 早期発見する方法はありますか？

A 最初は自覚症状がなく、腰痛や骨折、腎障害など何らかの症状が出て初めて病院に行く人が多いのが実情です。花子さんも腰が痛くて歩けなくなったことが来院のきっかけでした。

しかし、早期発見の方法がないわけではありません。血液検査の結果に総蛋白とアルブミンという項目があるのをご存じでしょうか。アルブミン値は多発性骨髄腫が進行すると低下します。また、総蛋白の数値が高い場合も低い場合も多発性骨髄腫の可能性があるので、気になる場合は蛋白分画の検査をしてください。花子さんのようにベンスジョーンズ型の場合は、尿にしかM蛋白が出ないので、尿の蛋白分画検査も必要です。なにはともあれ早期発見には、血清と尿の蛋白分画。これは長年、私たち専門医が、一般の健康診断に加えてほしいと働きかけていることでもあります。

ただ、多発性骨髄腫の治療は、何らかの症状が出てから始めます。無症状で、骨髄のがん細胞やM蛋白の量が少ない場合は、定期的に検査しながら経過観察するのみ。症状が出ないままの人も少なくありません。

※ベンスジョーンズ型…骨髄腫の種類のひとつ。

Q4 主な症状を教えてください

A いろいろなところに、いろいろな症状が現れます。まず、正常な血液細胞をつくる働きが低下するため、貧血になったり、感染症にかかりやすくなったり、出血しやすく、いったん出血すると止まりにくくなります。骨の新陳代謝にも影響を及ぼすため骨折しやすく、治りにくくなります。もうひとつは、腎臓の機能が悪化することが多いです。また、M蛋白が増加して血液がドロドロになることで頭痛がしたり、目がかすんだりすることも。M蛋白がアミロイドという有害な蛋白質となってさまざまな臓器に沈着し、腎臓以外にも、心臓やそのほか多くの臓器を悪くする場合があります。

Q5 どんな治療法がありますか？

A 自家移植する場合と自家移植しない場合に大きく分かれます。自家移植とは、あらかじめ患者さん自身の血をつくる細胞（自家造血幹細胞）を採取・凍結保存しておき、大量化学療法でがん細胞をできる限り死滅させたのち、採取・保存しておいた造血幹細胞を再び患者さんに投与して造血機能を回復させる治療法です。65歳未満で肝臓や腎臓、心臓などが悪くなければ、治療の第一選択肢になります。年齢や合併症によって移植できない、または患者さんの選択によって移植しない場合は、複数の薬剤を併用した化学療法を行います。
花子さんは、年齢の問題とご本人の意思もあり、移植しない治療法を選んでいます。

Q 6 花子さんはどんな患者さん？

A 化学療法にも、リハビリにもまじめに取り組む模範的な患者さんです。医師や看護師など周囲を明るく楽しくする天性の魅力は、皆さんがテレビや舞台を通じてご存じのとおり。その人柄をひとことで表すなら「気遣いの人」でしょうか。こんなことを言うと「先生、営業妨害になるからやめて」と叱られそうですが、漫才のキャラクターとは真逆の繊細な人ですね。その分、怖がり屋さんでもあります。それが悪いほうに出たのが、2019年の無治療期間でした。

そもそも花子さんは、最初、骨の中には骨髄腫がまったくなく、腰に2つの腫瘍の塊ができるという、ちょっと特殊な発症の仕方でした。放射線治療でそれらの腫瘍はなくなりましたが、9カ月後に多発性骨髄腫として再発しました。残念だったのは、その後、化学療法を恐れて無治療の時期を過ごされたこと。てっきり紹介先の病院で治療中だと思っていたので、大助さんから連絡をもらったときには言葉を失いました。

搬送されたときの花子さんは、まさに瀕死の状態。大きくなった胸椎の腫瘍が神経を圧迫し、麻痺が起きていたのです。尿や便が出にくくなる膀胱直腸障害もあり、いつ膀胱が破裂してもおかしくありませんでした。褥瘡から細菌に感染して敗血症になっていたら、一日で亡くなっていたでしょう。それほど危ない状態でした。

花子さんに限らず、化学療法を怖がる患者さんは多いのですが、お薬にはさまざまな種類があり、副作用の出方は異なります。現に、花子さんが恐れていた脱毛も、化学療法ではまったく起きていません。医師は、患者さんの状態を見て細かく調整しながら進めますので、不安があればどんなことでも相談して、いたずらに恐れることなく治療に取り組んでください。

このときの経験が、再び著書を出すきっかけのひとつになったと聞きました。花子さんの思いが多くの人に伝わることを願います。

Q7 花子さんの現在の状態は？

A 直近のPET検査では、異常はまったく見つかっていません。寛解状態と言っていいでしょう。なんばグランド花月の本公演でも元気に2ステージをこなされたと聞きました。リハビリにも積極的に取り組んでおられる様子です。花子さんは、これまでほとんど副作用なく過ごしてこられました。ただ、一昨年10月の心不全は、おそらくそれまで大変よく効いていた分子標的薬のひとつの副作用が強く出たものと思われます。この薬剤の副作用としての心筋障害は治るとされていて、現に花子さんの心機能は回復していますが、大変に苦しい思いをされました。多発性骨髄腫は、そのときどきの症状に合わせて薬剤の種類や組み合わせを変えながら再発を防ぐ維持療法を続けることが不可欠です。どんな薬剤にも副作用があるため、今後も花子さんの体調や仕事の忙しさ、副作用の発現状況などを注意深く見ながら治療を続けてまいります。

Q8 先生から見た大助さんはどんな人？

A 大助さんと花子さんは、かつて私の母が運営していた福祉施設「アガペの家」に足を運び、ボランティアで漫才を披露するなど協力してくださっていました。きっかけは、勉強熱心な大助さんが舞台のためにキリスト教を学びたいと大阪教区のカトリック教会を訪ねたことだったと聞いています。奈良県立医科大学附属病院の診察室でお二人にお会いしたときはびっくり。思わず「大助さん、母のことを覚えてはります?」と声をかけてしまいました。それ以来、ご夫婦としてのお二人を近くで見てきましたが、いつも感じるのは、大助さんは本当に花子さんのことが好きだということ。漫才一辺倒の大助さんと普通の家庭に憧れていた花子さんの間には、衝突やすれ違いもあったかもしれませんが、どんなときも大助さんが花子さんを大事に思ってきたのは間違いありません。お二人の関係の基本は、大助さんが花子さんを大好きだという揺るぎない愛情。とても仲のいいご夫婦です。

Q9 花子さんにメッセージを

A 花子さんは2019年6月、本当に死の瀬戸際まで行きました。私はあのとき、「余命1週間」と言いましたが、すぐに亡くなってもまったくおかしくなかったのです。神様が花子さんを生かしたとしか考えられません。ですから、一度は死んだ人生と思って、今の時間を大切にしてください。多発性骨髄腫と共存しながら、本当にやりたいことを、とことんやってほしいと思います。あなたが舞台に立つ姿は、私を含め多くの人たちの希望です。

Q10 多発性骨髄腫の患者さんに伝えたいことは？

A 大きく二つあります。

まず、多発性骨髄腫は完治の難しい病気ですが、新しいタイプの薬剤が数多く開発され、治療成績が急速に向上しています。生存期間の中央値は約10年とされていますが、くれぐれも「10年しか生きられない」と誤解しないでください。生存期間の中央値とは、あくまでも「半分の人が生きているのは何年か」を示す数字であって、余命ではありません。もっと長く生きている人も大勢います。

二つめは、現在のがん治療で最もすぐれているのは、病院で行われる保険診療だということです。特に若い人の中に、インターネットで調べて民間療法に走ってしまうケースが多く見受けられます。しかし、多くの時間と開発費をかけ、治療薬として認められた保険適用の薬剤ほど効果も安全性も高いものはありません。

病院に行けば誰でも受けられる「スタンダードな診療」こそ「ベストながん治療」なのです。

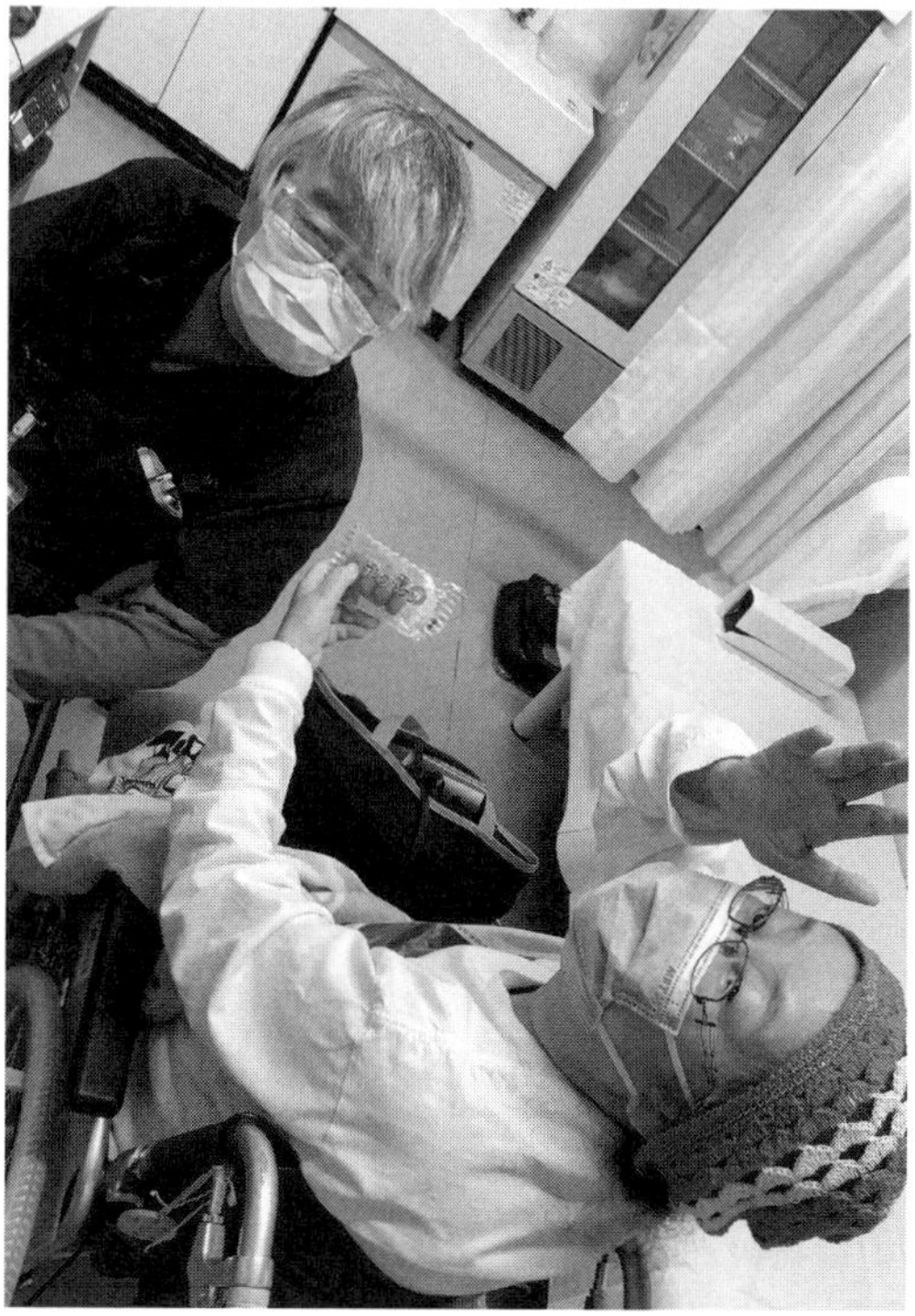

ずっと見守ってくださっている主治医の天野先生と。

訪問看護師さんのまなざし

～素顔の花子さんと大助さん～

訪問看護ステーションるーく 看護部主任看護師
湯川朋子さん

ずっとここで仲よく暮らしてほしい

花子さんは、がんばり屋さんで、周囲のみんなに分け隔てなく気を遣う方です。私たち看護師や理学療法士にも、いつも楽しいおしゃべりでサービスしてくださるので、「しんどいときは、不愛想にしててええのよ」と私のほうからお声がけしています。リハビリ中だけでなく、バルーンカテーテル挿入※などの医療行為のときにも「動画、撮っとこかな」とおっしゃって自撮りされます。ご自身も病気でつらく不安な思いをたくさんされているのですが、同じように悩んだり苦しんでいる人の役に立てばと、さまざまな経験や症状などの経過を記録に残されています。「病気のことって暗くなるやん。明るく話せるようなネタにしてみん」。そう言ってケア中にネタを披露してくださることがあります。使命感と腹の据わった姿勢が本当にカッコいいと思います。

大助さんは、バランスを上手にとる方です。男性が介護する場合は、他人の助けを借りずにがんばりすぎてしまったり、自分ではきちんとできない、自信がないと遠慮されてしまうことがよくあるのですが、大助さんは、自分でやると決めているところ以外は「お願いします。やりやすいようにやってね」と役割分担をしてくださいます。お風呂のときなどは「何かあったら呼んでねー」と任せてくださいます。

介護は、「介護する人」と同じくらい「介護される人」の果たす役割が大きいものです。それがわかっている花子さんは大助さんに、「お願い」「ありがとう」といった感謝やねぎらいの言葉をよくおっしゃいます。大助さんもそんな花子さんを尊い存在として接しておられる。お互いを大切に思う姿勢が、決してラクではない闘病生活を明るい毎日に変えていると思います。

お二人のお宅は笑いあり、学びあり、本当に楽しいんです。お二人には、たくさんの人に希望と笑いを提供しながら、ずっとここで仲よく暮らしてほしいと思います。花子さん、大助さん、これからも、たくさん笑って、たくさんおしゃべりしながら長生きしましょう。

※バルーンカテーテル挿入は医療行為ですが、ご家族や同居の方など指導を受けた方に限り、実施可能です。

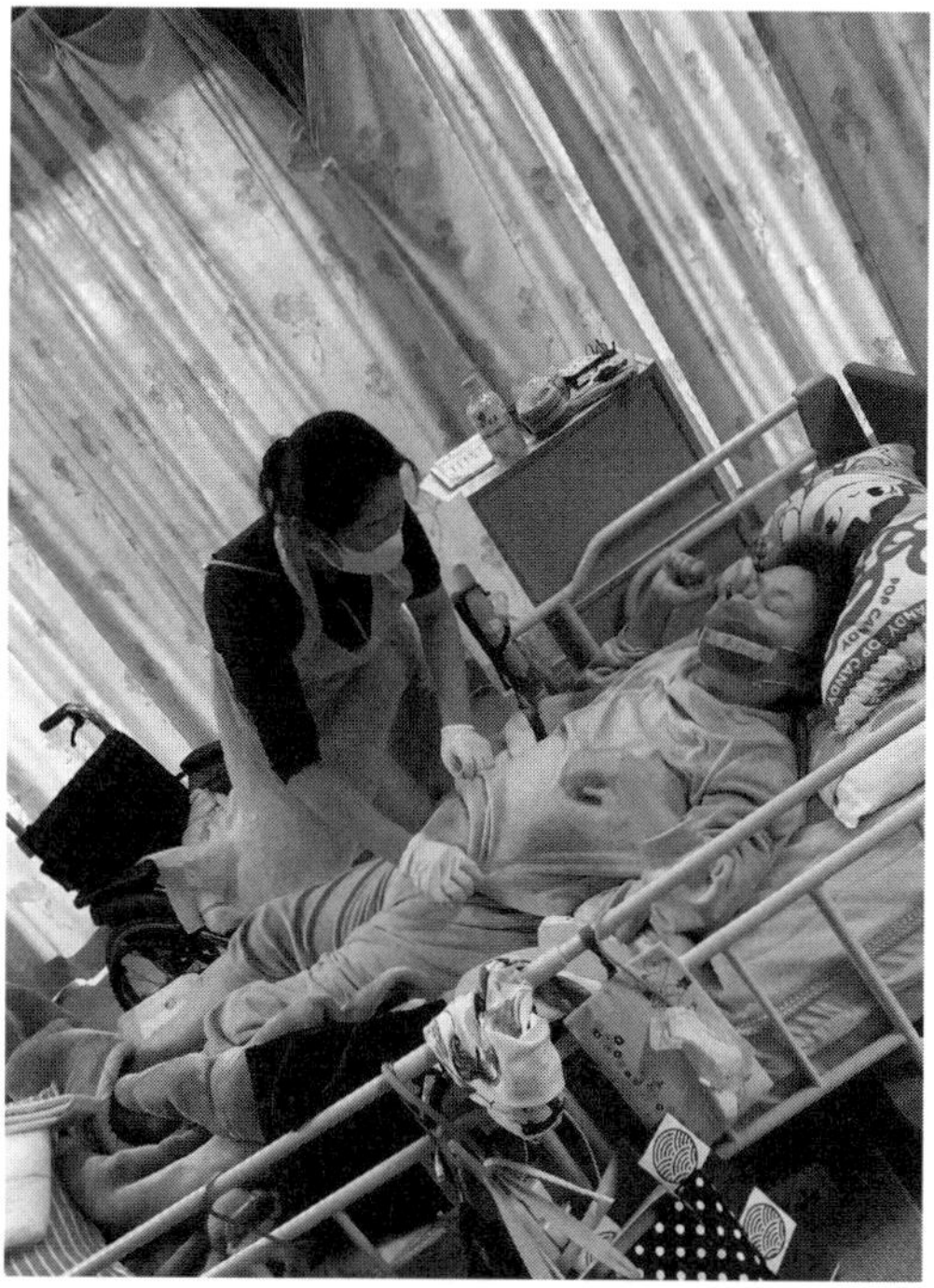

いつも明るく励ましてくれる訪問看護師の湯川さん。

第5章

今までと、これからと

二度目の恋愛期間よ、永遠に

大助より

昨年5月、なんばグランド花月に漫才で復帰して以来、お客さまの声援と拍手が日増しに大きくなるのを感じています。何年も休んでいたのに、僕たちを忘れずに待っていてくださったお客さま、そして関係者の皆さま。この場を借りてお礼を言わせてください。本当にありがとうございます。

僕たちは今、まったくと言っていいほどネタ合わせをせずにぶっつけ本番で舞台に臨んでいます。僕が「だいたい頭にあるんか」と尋ねると、嫁はんは「うん、7~8分の漫才やったらだいたい頭の中でできているから、ついてきて」とプロの顔で毅然《きぜん》と答えます。そのときの嫁はんは、100%バリバリの現役漫才師。病人の面影はどこを探してもありません。

稽古魔だったかつての僕なら不安でたまらなかったでしょう。でも、今の僕は「よし、わかった」とうなずくのみ。天性の漫才師・宮川花子の繰り出す言葉に合わせながら、臨機応変に緩急をつけて進めれば、お客さまは必ず喜んでくださるとわかっているからです。もし、嫁はんが途中で息切れしても、僕がなんとかすればいい。そんなことで僕たちの漫才は崩れないという自信と安心感がありま す。気心の知れたジャズミュージシャンのセッションに似ているかもしれませんね。いつの間にか僕たちは、しなやかな自由を手に入れていたのです。

嫁はんの闘病が僕たちに、こんなに新しくて柔軟な漫才スタイルを与えてくれるなんて想像もしていませんでした。もう二度と漫才はできないだろうと覚悟していたくらいですから。でも、嫁はんは、余命1週間といわれる瀕死の状態や心肺停止寸前の危機をたくましく乗り越えました。困難を克服するたびに、漫才への情熱を深く強く育みながら。

今、僕が最も幸せを感じるのは、舞台を終えた嫁はんが生き生きと元気な笑顔を見せてくれるときです。その表情はベッドに横たわっているときとはまったくの別人。お客さまの「待ってました！」「お帰り！」という熱い声援と大きな拍手が、いかにエネルギーを与えてくださっているか。そのことにいつも深い感動を覚えます。そして長い間、僕が漫才に夢中だったせいで嫁はんを苦しめてきたという罪悪感が少しだけ薄れるのです。「ああ、楽しかった。絶対に漫才はやめへん。ずっと続ける」。あっけらかんと明るく宣言する宮川花子は、妻としても、漫才師としても今、最高に輝いています。

高齢化が進む現在、年をとることに希望のもてない人は大勢いるでしょう。何を隠そう僕自身も毎日、腰痛など体の不調を嘆いてばかりです。ああ、クズ鉄のようになっていく。この体が牢獄《ろうごく》のようになっていく……悲観しそうになりますが、本当に悲観しなければならないのでしょうか。年をとった人間には、何の存在価値もないのでしょうか。僕は、決してそう思いたくありません。

マザー・テレサは、ある日、インドの駅で浮浪者を横目に通り過ぎようとしたら、「わしの姿が見えんのか」と天の声が聞こえたそうです。振り返ると、そこに立っていた神様は、自分が無視した浮浪者だった、と。一見、無力で弱く見える者こそ、人の心に慈悲や徳、親切心などを芽生えさせてくれる大切な存在なのだ。マザー・テレサは、そのことを教えてくれています。「年をとる美学」とは、老いていく姿を隠さずに堂々と示すことによって、若い人々の心にやさしさや慈しみなど「希望の種」を植えることだと思っています。

僕と嫁はんの漫才が、そんな「年をとる美学」を表現できていたら、こんなにうれしいことはありません。車椅子でいいじゃないか。二人とも座ったままでいいじゃないか。座談会のような、放談のような、自由なスタイルでいいじゃないか。そんなゆるやかな考え方を堂々と示しながら、肩の力の抜けた後期高齢者による後期高齢者のための漫才や舞台を作っていきたいと思います。もちろん、その真ん中には、宮川花子という大輪の花が咲いているのです。

「おまえ100までわしゃ99まで」という言葉は、歌の中だけの理想ではなく、現実のものになろうとしています。夫婦ともに100歳まで生きるのは、決して珍しいことではなくなりました。長い夫婦生活、もう一度、互いが互いに恋愛できたら、最高だと思いませんか。

僕は、嫁はんを介護するようになった今の暮らしを第二の恋愛期間だと考えています。昔は、朝から晩まで漫才漫才で嫁はんを追い詰め、普通の幸せを奪ってきました。でも今は、朝から晩まで二人でゆっくりと過ごし、窓の外に広がる空や季節の花を眺め、テレビを見て、食事をして、おやつを食べて笑い合っています。もちろん、ときどきはぶつかることもありますが、それも二人がともに生きているからこそ。けんかするほど元気でいるからこそです。

今日からまた、二度目の恋愛期間を無期限に延長しながら、大好きな嫁はんと手をとり合って歩んでいきます。こんな僕たちから生まれる、後期高齢者ならではの漫才や舞台を、どうぞ楽しみにしていてください。

これからも、宮川大助・花子をよろしくお願いします。

なにわ介護男子に愛を込めて

花子より

大助くんとの出会いは、1975年7月1日。岡山は後楽園の楽屋でした。大助くんは宮川左近ショーの宮川左近師匠の弟子、私はチャンバラトリオの山根伸介師匠の弟子。大助くんは松竹芸能、私は吉本興業と会社も違いましたが、お弟子さん同士として知り合い、時間を見つけては電話したり、おしゃべりしたりして交際するようになったのです。その頃からずっと変わらず、大助くんはまじめで一途《いちず》。結婚後は、どんな取材でも私のことを「好きで好きで一緒になった」と話していました。うそのつけない人ですから、この言葉はリップサービスなどではなく、まったくの本心なのです。自分の夫ながら、よくもこんなに長い間、飽きもせず好きでいてくれたなと思います。

私が、2018年に発病し、翌年1月、多発性骨髄腫と診断されてからは、大助くんに心配ばかりかけてきました。特に昨年、放射線治療で入院したあとは右足がまったく動かなくなり、ほぼ寝たきり状態になってしまいました。おしめの交換から尿道へのバルーンカテーテル挿入まで夫にやってもらう私は、世界で一番幸せな妻であると同時に、世界で一番申し訳なさを感じている妻だと思います。でも、「申し訳ない」と言うと、大助くんは「そんなことを言う必要ない。好きな女が倒れたから、面倒見ているだけや」と、取材のときとまったく同じようにきっぱりと言うのです。

今回の本『なにわ介護男子』は、面と向かって伝えても決して受け取ってくれない大助くんに、私から贈る感謝状のつもりです。あふれるほどの「ありがとう」と「病気になってしまって、ごめんね」というおわびの気持ちを込めました。なにわにすごい介護男子がいるぞ。この人はすごいんだぞ。「なにわ男子」もカッコいいけど、「なにわ介護男子」も顔の大きさと年齢では負けてへんぞ、いや、カッコよさでも負けてないぞ、と世の中に伝えたいのです。

大助くんは「漫才で多少なりとも幸せをつかんだかもしれないけど、その分、苦しめたから、もしあなたともういっぺん人生をやり直すことができるなら、二度と夫婦漫才はしない」と言います。確かに長い間、私は漫才をやめて家庭に入りたいと願ってきました。でも、今はまったく違うのです。この本を読んでいただければわかりますが、私は舞台に戻るたびに「楽しい」「幸せだ」「お客さまへの感謝で胸がいっぱいになった」と書いています。いつの間にか漫才は、私の生きがいになり、喜びになり、誇りになり、人生そのものになっていたのです。病気をしてますます、自分が漫才によって生かされていることを強く感じるように

大助くんへ、おわびと感謝を込めて。

なりました。

どんなときも目を閉じると、そこにセンターマイクがあります。
隣には大助くんがいて、二人の前には、たくさんのお客さまがいてくださる。
そして劇場中が笑いに満ちている。
そのことの、なんと幸せなことか。
大助くん、私をこんなに素敵な漫才の世界に誘ってくれてありがとう。

今は、その思いでいっぱいです。

もうひとつ、この本に込めた願いがあります。それは、多発性骨髄腫という病気を多くの人に知ってほしいということ。そのために、発病以来お世話になっている主治医の天野先生や、いつも明るい笑顔で訪問してくださる看護師の湯川さんにもご登場いただきました。私と同じく、今この病気と闘っている方やそのご家族はもちろん、さまざまな方に「多発性骨髄腫って?」と興味をもち、理解を深めてもらうことができたら、こんなにうれしいことはありません。

この6年間、数えきれないほど多くの方々に支えられてきました。大助くんをはじめ、愛娘のさゆみ、芸人の先輩・後輩の皆さん、弟子たち、マネージャー、吉本興業、多くの仲間たち。主治医の先生方、リハビリの先生方、看護師の皆さん。そして、私たちを応援してくださる多くのファンの方々。皆さんのご恩に報いるためにも、宮川大助・花子として漫才を続け、たくさんの笑いを届けたいと思っています。

今年4月23日、なんばグランド花月の本公演で無事に2ステージを務めたとき、車椅子での漫才を受け入れていたはずの私の心の中に「もう一度、自分の足でセンターマイクまで歩きたい」という思いがふつふつとわき上がってきて、その強さに自分でも驚きました。今、新しい目標に向けて、よりいっそう前向きにリハビリをがんばっているところです。

あわてず、あせらず、あきらめず、私はこれからも挑戦を続けます。

また漫才でお会いしましょう！

舞台ってとても
体力つかうけど
お客さんからの
声援は
エネルギー
たくさん
もらえる
花ちゃーん
待ってるでー
花ちゃーん
はよ戻って
こいよー

宮川大助・花子

夫婦漫才の第一人者。大助は1949年10月3日、鳥取県生まれ。会社員を経て、浪曲漫才の宮川左近に弟子入り。ガードマンの仕事をしながら100本の漫才台本を書く。漫才ではネタ作りとツッコミ担当。花子は54年8月28日、大阪府生まれ。大阪府警に入庁後、チャンバラトリオに弟子入り。漫才ではボケ担当。76年に結婚、79年にコンビ結成。87年上方漫才大賞の大賞受賞。2011年文化庁芸術選奨 文部科学大臣賞 大衆芸能部門、17年紫綬褒章。19年12月、花子が自らのがんを公表。2023年5月に大阪・なんばグランド花月に復帰。徐々にステージやテレビ、ラジオ出演を増やしている。著書に『あわてず、あせらず、あきらめず』(主婦の友社)ほか。

STAFF
装丁　藤田知子(HEMP)
装画　宮川花子
本文イラスト　すぎやまえみこ
編集協力　野田敦子
校正　荒川照実、佐藤明美
本文デザイン・DTP　蛭田典子(主婦の友社)
編集担当　石井美奈子(主婦の友社)

なにわ介《かい》護《ご》男《だん》子《し》

2024年 7 月31日　第1刷発行
2024年11月10日　第4刷発行

著　者　宮川大助《みやがわだいすけ》・花子《はなこ》
発行者　大宮敏靖
発行所　株式会社主婦の友社
〒141-0021
東京都品川区上大崎3-1-1 目黒セントラルスクエア
電話　03-5280-7537(内容・不良品等のお問い合わせ)
049-259-1236(販売)
印刷所　大日本印刷株式会社

Printed in Japan　ISBN978-4-07-459997-4

■本のご注文は、お近くの書店または主婦の友社コールセンター(電話0120-916-892)まで。
*お問い合わせ受付時間　月〜金(祝日を除く)10:00〜16:00
*個人のお客さまからのよくある質問のご案内　https://shufunotomo.co.jp/faq/

JASRAC　出　2404122-401